PAUL HANNA

VOCÊ PODE!

EDITORA FUNDAMENTO

2010, Editora Fundamento Educacional Ltda.

Editor e edição de texto: Editora Fundamento
Capa e editoração eletrônica: Commcepta Design
PA

Produzido originalmente por Penguin Books
Copyright © Paul Hanna 2002

Dados Internacionais de Catalogação na Publicação (CIP)
(Câmara Brasileira do Livro, SP, Brasil)

Hanna, Paul
    Você pode! / Paul Hanna; [versão brasileira da editora] – 2. ed.
– São Paulo, SP: Editora Fundamento Educacional, 2010.

    Título original: You can do it!

    1. Motivação 2. Realização Pessoal 3. Sucesso I. Título

04-3846   CDD-158.1

Índice para catálogo sistemático
1. Motivação: Realização Pessoal: Sucesso 158.1

Fundação Biblioteca Nacional

Depósito legal na Biblioteca Nacional, conforme Decreto nº 1.825, de dezembro de 1907.
Todos os direitos reservados no Brasil por Editora Fundamento Educacional Ltda.

Impresso no Brasil

Telefone: (41) 3015 9700
E-mail: info@editorafundamento.com.br
Site: www.editorafundamento.com.br

VOCÊ PODE! 2ª EDIÇÃO

Paul Hanna é considerado um dos mais importantes palestrantes motivacionais da Austrália. Ele é uma prova viva de que, se você determinar seus objetivos e segui-los com tenacidade e perseverança, pode alcançar grandes realizações. De um modesto começo, ele progrediu rapidamente até se tornar consultor permanente de empresas tradicionais e de grande porte, como McDonald's, Qantas, BMW e Optus.

Como muitos jovens australianos, após deixar a escola aos 16 anos de idade, Paul não tinha uma ideia clara do que desejava fazer. Entretanto, depois de seu primeiro passeio pelo exterior, apaixonou-se por viagens e, para se dedicar a tal paixão, começou a trabalhar na área, chegando ao posto de gestor de produtos da Qantas Airways, onde planejou e desenvolveu programas de férias para os australianos.

Em 1988, após uma bem-sucedida carreira que incluiu trabalhos com alguns dos pesos pesados da indústria do turismo, Paul saiu da Qantas Airways para dar início a um trabalho como consultor de organização. Mais de uma década depois, sua lista de clientes inclui todos os nomes importantes da elite empresarial australiana. Seus outros livros são *Acredite! Você Pode!*, *Não Desista! Você Pode!* e *Venda Mais! Você Pode!*.

Paul mora em Sydney.

www.paulhanna.com

Paul Hanna inspira nossos jovens administradores, despertando neles o desejo de fazerem o melhor e de se destacarem na vida pessoal e profissional. O resultado é um benefício direto para indivíduos e empresas. Já enviamos mais de 30 mil pessoas aos seminários de Paul Hanna e pretendemos conceder essa mesma oportunidade a muitas outras.

Charlie Bell — Diretor executivo/presidente, McDonald's Austrália Ltda.

Uau! Que maravilhoso palestrante! Nosso pessoal deu a Paul a nota máxima e, um ano depois, continua comentando a apresentação. Os seminários de Paul Hanna, acompanhados por nossos funcionários e sócios, são extremamente elucidativos e nos deram uma ideia mais clara e uma compreensão da posição de nossos parceiros, com uma visão que não havíamos conhecido no passado.

Peter Capp — Chefe de planejamento financeiro, Colonial Financial Planning

As palavras de Paul são como um refresco para a mente. Ele utiliza analogias simples, mas poderosas, que explodem repentinamente para nos fazer pensar sobre nós mesmos e nossos objetivos pessoais. O efeito generalizado é estimulante, desafiador, animador e eficiente. Vida longa ao contador de histórias!

Dick Simpson — Diretor, Divisão Residencial, Optus Communications

As palestras de Paul se tornaram sinônimo de "sucesso" na Westpac. Vários membros de nossa equipe participaram de seus seminários e, além de benefícios na vida pessoal, conseguiram enorme aprimoramento no trabalho. O crescimento na área de vendas, principalmente, tem sido espetacular. As técnicas simples e as poderosas mensagens desse profissional dos mais completos têm ensinado a muitos de nossa equipe como assumir o controle do próprio destino e usufruir da jornada da vida. "Atitude determina altitude" se tornou um lema de nossa empresa.

Ken Wright — Gerente geral, Westpac Banking Corporation

A resposta de todo o nosso pessoal tem sido absolutamente fantástica! Na verdade, essa tem sido a reação coletiva em cada uma das vezes que utilizamos as apresentações de Paul por toda a Austrália.

Bernie Smith — Toyota, Austrália

Sim, o título do livro diz tudo. Paul tem demonstrado a inúmeras pessoas como focar as próprias atitudes em relação à vida de uma maneira diferente. Agora, há um manual permanente de consulta, para ser usado antes e depois de ouvi-lo pessoalmente.

Howard Davy — Corretor e diretor de multiagência, National Mutual

O talento de Paul Hanna é singular. Ele o faz perceber rapidamente que, se deseja alcançar o sucesso, só você pode fazê-lo acontecer. Sem desculpas. Paul mostra como vencer as barreiras, predeterminar o próprio nível de sucesso e lutar para alcançá-lo.

Robin Honneychurch — Administrador regional, AS/NT, AMP

Assisti a muitas palestras e considero a abordagem e as apresentações de Paul Hanna as melhores que já conheci.

Steve Lotter — Gerente geral, vendas, Toyota, Austrália

A resposta de nossa equipe tem sido extremamente positiva e eu apreciei sobremaneira a experiência de trabalhar com um verdadeiro profissional.

David Taylor — BMW, Austrália

SUMÁRIO

INTRODUÇÃO 12

CAPÍTULO 1

Atitude é tudo! 16

■ Como sua atitude controla a altitude em sua vida ■ Como mudar seu piloto automático ou a opinião que tem de si mesmo ■ Como sua autoimagem ou auto-opinião controla a altitude de seu voo ■ Como controlar sua altitude de cruzeiro na vida ■ Como utilizar seus sucessos passados para enfrentar desafios futuros ■ Como você está pilotando a sua vida ■ Por que conversas negativas consigo mesmo o levam a baixas altitudes ■ Por que a atitude é tudo

CAPÍTULO 2

Autoconfiança: esse é o segredo 29

■ Como melhorar sua autoconfiança ■ Ninguém pode aborrecê-lo, a não ser que você permita ■ Como os vencedores voltam das derrotas ■ Como a opinião que você tem de si mesmo determina seu sucesso ■ Por que o mundo é seu espelho ■ Envenenamento mental e pessoas negativas ■ Assumindo a responsabilidade pelo próprio sucesso ■ Como melhorar a autoestima de seus filhos ■ A autoestima e seu parceiro ou parceira ■ Como ser forte em tempos difíceis ■ Como o contato com pessoas positivas cria o sucesso

CAPÍTULO 3

A sorte e como atraí-la 47

■ Como a clareza de propósitos cria a sorte ■ Por que você precisa, primeiramente, decidir o que deseja ■ Como identificar informações inúteis ■ Quando você joga na loteria, retarda a sorte ■ Como os "deslocadores de atenção" trabalham contra o sucesso ■ Como estar sempre "no lugar certo, na hora certa" ■ Por que a impaciência subentende a dúvida em si mesmo

CAPÍTULO 4

Determinação de objetivos: como conseguir um foco maior em sua vida 56

■ Por que você precisa focar o que deseja, e não o que não deseja ■ Como enxergar a si mesmo como uma pessoa bem-sucedida, usando a visualização ■ Preparando-se para o sucesso futuro ■ Por que é imprescindível anotar seus objetivos ■ A diferença entre milionários e bilionários ■ Como objetivos claros e bem focados o fortalecem ■ Por que um objetivo sem data de entrega permanece um sonho ■ Como economizar mais dinheiro com a definição de objetivos ■ Por que a falta de uma "rota de fuga" o mantém focado em seus objetivos ■ Por que uma avaliação é essencial para se manter o foco

CAPÍTULO 5

Agora chega! 70

■ Quando você desejar algo de verdade, você mudará ■ O passeio de uma vida num 240K GL ■ Como uma humilhação pública mudou a vida de uma pessoa ■ Como uma mulher se livrou de um relacionamento abusivo ■ A última tragada: "Para mim chega!" ■ Quanto você precisa cair?

CAPÍTULO 6

A linguagem do sucesso 77

▪ Como atrair o sucesso usando a "linguagem do sucesso" ▪ O desafio da "linguagem do sucesso" ▪ Como afirmações na "linguagem do sucesso" podem, literalmente, mudar a maneira como você se sente ▪ Da repressão contra a autoestima ao uso da "linguagem do sucesso" ▪ Converse consigo mesmo e se empurre para o sucesso

CAPÍTULO 7

Entusiasmo e sucesso 83

▪ O que é entusiasmo? ▪ Como os seus olhos são as janelas da sua alma ▪ Como a emoção segue a ação ▪ Por que a maneira como você se conduz determina como você se sente ▪ Como o seu entusiasmo encoraja os que o rodeiam

CAPÍTULO 8

Transformando obstáculos em sucesso 89

▪ A história de Ken Tagg – da pobreza a oito lojas McDonald's ▪ Medo – da zona de conforto atual à próxima ▪ Como se levantar quando se sentir por baixo ▪ Como visitar uma praia ou floresta sem sair da sala ▪ Por que meditação não é só para gurus indianos ▪ Misture-se às pessoas positivas e você será uma delas ▪ Quando a situação estiver pior do que nunca, não desista

CAPÍTULO 9

Perdoe e cure sua vida 100

▪ A pessoa com maior autoestima é a primeira a pedir perdão ▪ Quando você pede desculpas, livra-se da raiva e abre caminho para a felicidade ▪ Voltando a se relacionar após o divórcio ▪ Desoprimindo-se e sentindo-se bem com os outros ▪ O perdão e como ele cura tudo ▪ Perdoando seus pais por serem humanos ▪ Quando você culpa o outro, dá a ele poder sobre você

CAPÍTULO 10

O professor chega quando o aluno está pronto 109

▪ Você atrai as pessoas e os acontecimentos para aprender com eles ▪ Você trata o mundo de acordo com os seus sentimentos ▪ Você só pode ficar zangado consigo mesmo ▪ Cada pessoa com quem você se relaciona reflete uma parte de você ▪ O professor está sempre retornando até que a lição seja aprendida ▪ Você não pode mudar os outros – eles são os seus professores ▪ O "exercício" do professor

CAPÍTULO 11

Lidando com pessoas negativas 121

▪ Pessoas negativas e a autoestima ▪ Como as pessoas negativas gritam por socorro ▪ Como uma pessoa presunçosa pode ter baixa autoestima ▪ Altitudes baixas e pessoas negativas ▪ Por que as pessoas negativas precisam de mais críticas positivas

CAPÍTULO 12

Aumentando o poder ou como motivar os outros 126

■ Quando você dá respostas, tira o poder do outro ■ Fazer perguntas estimula o foco ■ Como tornar as pessoas independentes, e não dependentes de você ■ Como evitar que seus filhos e equipe façam perguntas tolas ■ Objetivos, e não presentes, motivam as crianças

CAPÍTULO 13

Atraindo as coisas boas da vida 133

■ Condicionamento familiar e dinheiro ■ Como sua atitude e o seu saldo bancário estão ligados ■ Quanto você se sente à vontade com o sucesso dos outros? ■ Novos sistemas geradores de riqueza ■ A qualidade é mesmo tudo ■ Uma lição sobre excesso de economia – sai caro! ■ Como dar e receber são a mesma coisa ■ Como a segurança é um estado de espírito ■ Por que o dinheiro, sozinho, não afasta os medos

CAPÍTULO 14

O poder da percepção 145

■ Quem disse que as pessoas não julgam um livro pela capa? Todos nós fazemos isso! ■ Por que o que você veste diz muito sobre quem você é ■ Vista-se como a pessoa que você quer ser ■ O elo de pensamento e seu poder de conexão ■ Como os vencedores se esforçam para ter a aparência de vencedores

CAPÍTULO 15

Excedendo as expectativas: todos nós adoramos isso! 151

■ Como um hotel de primeira classe excedeu as expectativas ■ Como um vendedor de automóveis ouviu e acelerou ■ Como uma limpeza gratuita de automóveis saiu pela culatra ■ Como exceder as expectativas pode recarregar um casamento ■ Por que exceder as expectativas faz os clientes voltarem ■ Os erros podem ser a melhor oportunidade para impressionar ■ Todos nós adoramos surpresas – a qualquer hora

CAPÍTULO 16

Equilíbrio e avaliação 162

■ Como a motivação está ligada aos objetivos ■ Quando você alcança seus objetivos, a motivação diminui ■ Como reacender a chama do relacionamento ■ Por que você fica sem energia depois do trabalho e como conseguir mais ■ Como reajustar seus objetivos e aumentar sua motivação ■ Avaliação proativa ou avaliação reativa: qual delas você usa? ■ Exercício de avaliação para ajudar a refazer o foco ■ Como os objetivos diários mantêm o estímulo

CAPÍTULO 17

Enxergando a grandeza do outro 177

■ O Conceito Pigmaleão ou como criar vencedores ■ Como o Conceito Bumerangue pode mudar o desempenho das pessoas ■ De péssimos alunos a vencedores ■ Parceiros como Pigmaleões ■ Por que um "gozador" não tem nenhuma graça ■ Seus filhos são admiráveis! ■ Como as crianças aprendem com os adultos

PALAVRAS FINAIS 186

Introdução

10h20, 7 de janeiro de 1975, Unidade de Transplante Cardíaco, Ala Cameron 16, Hospital S. Vicente, Sydney

Enquanto eu viver, jamais me esquecerei.

Esse foi o momento em que comecei a me convencer de que dependeria de mim mesmo o sucesso vir ou não a meu encontro: dependeria de Paul Hanna. Meu irmão mais velho acabara de colocar a mão sobre meus ombros para me dizer que os especialistas em doenças cardíacas, comandados pelos mundialmente conhecidos cirurgiões dr. Harry Windsor e dr. Victor Chang, não estavam confiantes na recuperação de meu pai. Ainda lembro como se fosse ontem.

Sentado na sala de espera, sentindo-me vulnerável e amedrontado, fui tomado de um pavor imenso quando a porta do elevador se abriu para exibir uma maca onde estava deitado meu pai. Coberto por um lençol, com tubos e monitores que pareciam conectados a cada uma das partes de seu corpo, ele foi levado às pressas à unidade de tratamento intensivo. Parecia haver ali uns vinte médicos e enfermeiras, cada um deles lidando com diferentes controles, num frenético esforço para manter meu pai vivo.

Lembro-me de me sentir zangado e frustrado por ter que ficar ali sentado, simplesmente aceitando a situação. Eu me sentia completamente impotente. Naquele instante, a ideia de que meu pai não estaria mais por perto me atingiu com o impacto de uma tonelada de pedras: meu pai, que sempre imaginei a meu lado até eu também ter vivido bastante, estava me deixando quando eu tinha apenas 14 anos.

Experimentei todas as emoções possíveis: raiva, rejeição, solidão e, principalmente, medo. E tive uma conversa comigo mesmo que guardo até hoje: lembro-me de ter decidido que meu futuro passaria a depender somente de mim. Se eu quisesse obter sucesso, teria que assumir total responsabilidade por alcançá-lo.

Depois da morte de meu pai, meu futuro parecia bastante infeliz. Eu era um filho de imigrantes crescendo nos arredores do oeste de Sydney e havia parado de estudar aos 16 anos. Estava numa situação delicada: seria bem-sucedido em qualquer profissão que escolhesse ou sairia completamente fora dos trilhos, como fazem muitos adolescentes quando se veem obrigados a enfrentar um trauma como esse quando ainda são muito jovens.

Entretanto, numa tarde de verão, tudo mudou para mim. Estava com alguns amigos no centro da cidade, fazendo compras de Natal, quando descobri um livro que mudaria a minha vida para sempre: *Quem pensa enriquece*, de Napoleon Hill. Foi o maior empurrão que recebi em toda a minha existência. Os estímulos e conhecimentos que havia recebido até aquele momento se transformaram em simples pano de fundo, foi como uma bomba atômica. Esse livro me convenceu de que todos os indivíduos de sucesso enfrentaram enormes obstáculos e foram exatamente essas dificuldades que fizeram deles pessoas bem-sucedidas.

Depois da leitura do livro da primeira à última palavra, decidi que nenhum obstáculo poderia me vencer. Daquele momento em diante, minha vida mudou, deixei de ser um jovem de 16 anos desempregado e construí uma carreira na área de marketing na indústria de viagens que me permitiu não apenas conhecer o mundo de uma ponta à outra várias vezes, mas fazê-lo em grande estilo, sempre na primeira classe. Tudo isso até os 25 de idade.

Isso mesmo! Naquela época, eu me beliscava para ter certeza de que não era um sonho. Ali estava eu, planejando as férias que os australianos teriam no ano seguinte, com a sensação de que há apenas cinco minutos eu era um adolescente sem futuro.

Antes de completar 30 anos, viajei por todo o mundo e vi tudo o que era possível. Descobri também o quanto a Austrália e seu povo podem ser fabulosos. Não me envergonho de dizer que amo meu país e que sinto um nó na garganta quando ouço *Waltzing Matilda*, o hino extraoficial da Austrália. Mas disse a mim mesmo: "se nós, como nação, acertarmos nosso passo, o resto do mundo não vai saber o que o atingiu".

Num mundo onde muitos países lutam uns contra os outros por diferenças étnicas e religiosas, a maioria dos australianos está mais interessada no resultado da última partida de críquete e quer saber para que time de futebol você torce, e não para que deus você reza. Vi um mundo no qual muitas nações ainda querem matar golfinhos e baleias, ao passo que, na Austrália, a simples menção de uma baleia encalhada em qualquer lugar, a qualquer hora, certamente atrairá centenas de pessoas dispostas a ajudar. Devido ao nosso isolamento, precisamos nos manter em dia com os acontecimentos mundiais e não nos tornarmos insulares como acontece a muitas outras nações. Entretanto, esse isolamento também nos levou a não perceber como poderíamos ser grandes.

Quis o destino que eu estivesse resmungando sobre isso durante um voo que retornava para a Austrália e o sujeito que estava sentado a meu lado disse: "Por que você não para de reclamar e faz alguma coisa a respeito?" Como num desenho animado, vi uma luz se acender acima de minha cabeça: por que não concentrar toda a minha energia para ajudar os australianos a utilizar mais seu potencial? Quando aterrissamos, eu mal podia esperar para chegar em casa e reler *Quem pensa enriquece* só mais uma vez.

A vida é muito engraçada: dez anos depois de descobrir esse maravilhoso livro, minha vida havia passado por uma total transformação. Mas o melhor ainda estava por vir: os anos que se seguiram viram minha atividade profissional se desenvolver de simples palestras gratuitas no Rotary à realização de trabalhos com os homens de negócio mais influentes do país. Milhares de pessoas do mundo empresarial da Austrália participaram do "Seminário de Paul Hanna", seja no formato de meio dia ou de dupla jornada, e milhares de outros indivíduos já me ouviram falar em conferências ou convenções anuais.

Descubro todos os dias que cada ser humano que alcançou o sucesso em qualquer área – financeira, esportiva, empresarial ou pessoal – teve que enfrentar muito mais dores que a maioria da população. Se a dor física é o despertador do organismo, avisando que algum órgão precisa ser consertado, outros tipos de dor em nossa vida devem ser encarados da mesma maneira. Quando você lida com a causa da dor e consegue solucioná-la, ela é curada aos poucos e você segue em frente. Se ficar adiando o enfrentamento ou ficar colocando simples curativos, a ferida infecciona até se tornar insuportável.

As pessoas de sucesso conhecem a dor porque sabem que é positiva e é uma ferramenta para o sucesso. Aceitam a dor em suas vidas porque sabem que, ao lidar com ela, sua autoestima vai se elevar, assim como sua capacidade de lidar com qualquer desafio que apareça no futuro.

Os casos que você vai ler neste livro são histórias verdadeiras (com nomes trocados para proteger os inocentes!), contadas por pessoas que participaram de meus seminários e se consultaram comigo pessoalmente. Quando conto essas histórias nos seminários, os participantes me dizem que aprendem muito com elas e sei que você também vai se beneficiar dessas narrativas.

Quando iniciei meus seminários, tomei a decisão de falar mais sobre a vida dos que me ouviam – com todas as suas dificuldades, aflições e aspirações – do que sobre a minha. Quis oferecer a você um pequeno resumo sobre Paul Hanna para mostrar que não nasci em berço de ouro e que, como todos os australianos, também recebi minha carga de problemas e de sucessos.

Meu pai morreu naquela tarde em 1975, mas, com a morte dele, veio a semente da persistência e da determinação: alcançar qualquer coisa boa em minha vida dependeria apenas de mim.

Sem desculpas. Sem histórias de grandes dificuldades. Apenas a determinação de obter sucesso e a crença de que EU POSSO!

Capítulo 1

ATITUDE É TUDO!

As coisas não mudam; nós mudamos.

Henry David Thoreau

NESTE CAPÍTULO

▪ Como sua atitude controla a altitude em sua vida ▪ Como mudar seu piloto automático ou a opinião que tem de si mesmo ▪ Como sua autoimagem ou auto-opinião controla a altitude de seu voo ▪ Como controlar sua altitude de cruzeiro na vida ▪ Como utilizar seus sucessos passados para enfrentar desafios futuros ▪ Como você está pilotando a sua vida ▪ Por que conversas negativas consigo mesmo o levam a baixas altitudes ▪ Por que a atitude é tudo

O 747 é uma das grandes realizações da humanidade. Ele é, até hoje, a aeronave favorita dos viajantes experientes devido a seu espaço, sua tecnologia e, acima de tudo, sua confiabilidade. Inúmeras pesquisas conduzidas por todo o mundo continuam demonstrando que o 747 ainda é considerado o avião mais popular de todos os tempos.

Mas este livro não é sobre aviões, é sobre como os seres humanos são projetados de uma forma semelhante ao 747. Na verdade, muitos dos conceitos aplicados ao 747 são resultado da maneira como nós, seres humanos, raciocinamos.

SUA ATITUDE DETERMINA SUA ALTITUDE NA VIDA

Assim como o piloto de um 747, você também tem à mão os botões de controle que vão permitir sua decolagem e seu voo em qualquer altitude que desejar. Entretanto muitas pessoas cruzam os ares mantendo sempre a mesma altitude por anos a fio, infelizes com os solavancos que vão experimentando pelo caminho, pensando que, simplesmente, são obrigadas a tolerá-los.

Permita-me usar o que denomino de "linguagem-jumbo" para ilustrar como todos nós temos o poder de subir a qualquer altitude, desde que estejamos prontos a assumir total responsabilidade pelo lugar em que estamos e desde que saibamos exatamente aonde desejamos chegar. Sei que dizer isso é muito fácil, mas quero demonstrar como você pode subir até o próximo nível de sucesso ou, em linguagem-jumbo, até a maior altitude.

Digamos que você esteja a bordo de um 747, saindo da Austrália em direção a Londres, voando a uma altitude de 35.000 pés (10.000 metros). O computador que controla a altura do 747 é o "piloto automático", ele garante que o 747 nunca saia da altitude programada, que é determinada antes da decolagem. Sempre que o 747 começa a voar acima dessa altitude, o piloto automático envia sinais elétricos que fazem o jumbo voltar aos 35.000 pés. Por outro lado, quando o 747 voa baixo demais, o piloto automático envia mensagens elétricas que o avisam para subir outra vez. E assim ele vai fazendo até chegar a Londres.

A rota até Londres inclui algumas tempestades tropicais sobre a Ásia e o avião precisa voar mais alto para evitar essa área de turbulência. O controle de tráfego de Singapura adverte os pilotos que precisam se manter nesse nível mais alto por cerca de dez minutos antes de começar a descer e reassumir a velocidade de cruzeiro de 35.000 pés.

Como a mudança dura apenas um curto período, os pilotos preferem operar a subida do 747 manualmente. Então, quando ficam liberados para descer um pouco mais, eles simplesmente abandonam os controles e permitem que o piloto automático reassuma. O 747 volta aos 35.000 pés ou para a altitude programada antes da decolagem.

A OPINIÃO QUE VOCÊ TEM DE SI MESMO É O SEU PILOTO AUTOMÁTICO

Assim como o 747, você também recebeu crenças em sua decolagem – a diferença é que sua decolagem se deu quando você ainda era criança. Goste ou não, você foi programado de maneira semelhante ao 747 e é essa programação que o mantém na altitude em que você está voando hoje. Se você deixar o piloto automático com a mesma informação, a probabilidade é que quaisquer mudanças em sua vida sejam sempre de curto prazo.

Aqui está um exemplo: alguma vez você já teve mais dinheiro no banco do que o usual? O que, em geral, acontece após uma semana? Você entra numa onda de consumo que o traz de volta à altitude de cruzeiro, ou seja, de volta à informação sobre a quantia que acredita que deva ter em sua conta bancária.

DUAS MANEIRAS DE MUDAR A ALTITUDE DE SEU VOO

Assim como um 747 ligado no piloto automático, sempre que você segura os controles de sua vida e tenta mudá-la, os resultados são apenas temporários. Enquanto você tem nas mãos os botões de controle, mantém-se voando em maior altitude, mas, assim que solta esses botões, seu piloto automático interrompe o processo e o leva de volta à altitude de cruzeiro habitual.

Se os pilotos do 747 quiserem voar a uma altitude maior que a preestabelecida durante o resto do voo, eles têm duas opções: assumir os controles durante todo o percurso até Londres e desprezar o piloto automático ou reprogramá-lo para uma nova altitude.

Você está diante do mesmo desafio: para se assegurar de que vai manter a nova altitude, é preciso reprogramar seu piloto automático. E seu piloto automático é sua autoimagem.

O QUE É AUTOIMAGEM?

Basicamente, autoimagem é como você vê a si mesmo – a opinião que você tem sobre sua pessoa. Todas as crenças que você assimilou sobre si mesmo até este momento de sua vida criaram sua autoimagem.

Você vê a si mesmo como uma pessoa confiante e expansiva ou como alguém tímido e que tem medo das outras pessoas? Você se considera uma pessoa positiva, que enxerga o melhor em todos aqueles que conhece, ou está sempre ressaltando os pontos negativos dos outros?

Sua autoimagem, ou opinião sobre si mesmo, é basicamente o que vai causar seu sucesso ou fracasso. Os acontecimentos da vida são inevitáveis, mas você pode mudar a maneira de enxergar esses acontecimentos ou a forma de avaliá-los.

Veja o esquema da próxima página e você vai perceber claramente como a vida é uma profecia que se autorrealiza, ou seja, como nós conseguimos exatamente aquilo que procuramos, seja bom ou ruim. Observe que, como no 747, você tem um piloto automático, que é sua autoimagem: ela controla a altitude de seu voo, isto é, a maneira como você vive sua vida.

PARA VOAR MAIS ALTO, O PILOTO AUTOMÁTICO PRECISA DE NOVAS INFORMAÇÕES

Quando pilotos dão informações ao piloto automático para reprogramá-lo numa nova altitude, eles estão, efetivamente, mudando seu sistema de crenças. Com a nova informação, o piloto automático sabe que deve voar o 747 numa altitude maior e mantê-lo ali, independentemente do que venha a acontecer.

O mesmo se aplica a sua autoimagem: se você deseja atingir uma mudança permanente, precisa reprogramar sua opinião sobre si mesmo com novas informações. Para mudar a direção que está seguindo na vida, você deve tomar algumas decisões bastante difíceis. Conseguir ajuda para tomá-las pode ter sido o motivo que o fez escolher este livro; se for o caso, fique comigo, pois tenho informações em profusão para ajudá-lo!

MINHA ATITUDE CONTROLA MINHA ALTITUDE NA VIDA

1 – MINHA ATITUDE (AUTOCONVERSAÇÃO)
A tagarelice na minha cabeça que nunca, jamais para.

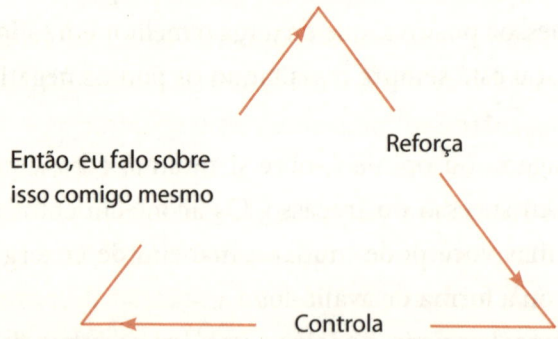

Então, eu falo sobre isso comigo mesmo

Reforça

Controla

3 – DESEMPENHO
Como as coisas são em minha vida.
Como eu enxergo o mundo.

2 – MINHA OPINIÃO SOBRE MIM MESMO (MINHA AUTOIMAGEM)
Minha opinião sobre quem sou.

COMPREENDENDO AS ALTITUDES DE CRUZEIRO (TAMBÉM CONHECIDAS COMO ZONAS DE CONFORTO)

Basicamente, sua altitude de cruzeiro é aquilo com o que você se sente feliz na vida: quanto dinheiro você possui no banco, quantos amigos você acredita que precisa ter, como eles o tratam, etc. Seu relacionamento com seu parceiro ou parceira também é ditado pela altitude de cruzeiro. Por mais que saber disso o machuque, todas as pessoas em sua vida são atraídas por você mesmo. Não há acidentes. Falaremos mais sobre isso no capítulo 10.

POR QUE NEM SEMPRE É FÁCIL MUDAR SUA ALTITUDE DE CRUZEIRO

Num determinado estágio de meus seminários, peço a voluntários que se apresentem diante do grupo e resumam, durante dez minutos, a última hora de minha palestra. Caminho pela sala como se fosse escolher alguém e todos se mostram bastante tensos.

As pessoas olham para os lados na esperança de que eu não as escolha e procure outro alguém. Algumas pegam copos vazios e fingem que estão bebendo, tentando distrair minha atenção; outras fingem que estão fazendo anotações; outras nem olham para mim.

Quando revelo ao grupo que estava apenas brincando, todos deixam escapar um suspiro de alívio e me dizem que estão satisfeitos por não terem de se levantar e se apresentar como voluntários.

Mas o que aconteceria se eu levasse comigo um desses participantes por toda a Austrália e pedisse a ele que fizesse uma apresentação de apenas dez minutos em cada sessão? No início, essa pessoa ficaria assustada, mas acabaria dominando a situação. A conversa que teria consigo mesma mudaria de "odeio isso" para "isso está se tornando muito fácil, eu poderia me acostumar com algo assim".

Quando você se lança sem pensar num novo desafio, é provável que se sinta extremamente nervoso. Mas, quando você se prepara através da determinação de objetivos, sua altitude de cruzeiro começa, lentamente, a se alterar.

TOMADA DE DECISÕES E SUA ALTITUDE DE CRUZEIRO

Em última instância, o que determina como será sua vida são as decisões que você toma. Todos nós estamos familiarizados com as decisões que tomamos no trabalho e no lar, como "vou tirar uma hora para almoçar ao meio-dia" ou "vou levar as crianças ao clube". Essas são decisões conscientes.

O que eu desejo discutir aqui é o fenomenal poder de seu subconsciente e das decisões que são tomadas nessa verdadeira usina geradora de eletricidade.

COMO OS CONDICIONAMENTOS PASSADOS AFETAM SUA TOMADA DE DECISÕES

Pavlov, o cientista russo, tornou-se famoso devido a uma experiência feita com um cão. Algumas vezes, nós agimos exatamente como aquele animal. Você se lembra de ter sido mandado à sala do diretor quando estava na escola? Qual foi o primeiro pensamento que lhe veio à mente? Provavelmente algo como: "O que será que eu fiz desta vez? Devo ter me metido em alguma enrascada." Em geral, essa era a única razão pela qual você ia àquela sala. Algumas vezes você estava mesmo numa enrascada, mas e aquela vez em que o diretor lhe pediu que se inscrevesse num grupo de apoio a uma instituição de caridade?

Esse condicionamento subconsciente não o abandona quando a escola passa a fazer parte de seu passado. O que aconteceria se lhe mandassem ir direto à sala de seu chefe numa manhã de sexta-feira, após uma semana de péssimas vendas? Os pensamentos pulariam em sua mente como bolinhas de pingue-pongue: "Oh, não! Vou ser despedido!" E você poderia até resolver pedir demissão antes que ele abrisse a boca. Mas, ao chegar à sala do chefe, você descobre que era apenas uma despedida para um funcionário que resolveu sair da empresa depois de dez anos de trabalho!

NOVAS INFORMAÇÕES SIGNIFICAM NOVAS CRENÇAS

Você sabia que houve um tempo em que todas as pessoas sobre a face da Terra pensavam que o mundo era achatado? Que se você viajasse até o fim da Terra cairia no espaço? Essa era a crença comum até Cristóvão Colombo decidir que possuía fatos suficientes para provar que o mundo era redondo e que, se uma pessoa navegasse até a "beirada", não cairia em nenhum lugar, mas continuaria navegando de volta ao ponto de partida.

"O mundo é redondo", declarou ele, "não é achatado!" É claro que ninguém acreditou nessa ideia tresloucada, principalmente porque nenhum navio havia conseguido chegar até a "beirada" do mundo para comprová-la. Certamente, Colombo não chegara até lá. Por que deveriam acreditar nele? Que provas ele havia apresentado? Hoje, a história nos conta que Colombo não apenas demoliu uma das crenças mais difundidas e aceitas pelos seres humanos, mas descobriu, nesse processo, um novo mundo.

"NENHUM SER HUMANO CONSEGUE CORRER UMA MILHA EM MENOS DE QUATRO MINUTOS"

Os gregos e romanos da Antiguidade tentaram, durante séculos, quebrar uma barreira de velocidade e correr uma milha (1,6 quilômetro) em menos de quatro minutos. Ninguém havia conseguido tal proeza. "Humanamente impossível", diziam os peritos. Os romanos chegaram a colocar leões perseguindo seres humanos para ver se isso lhes daria a motivação necessária para correr. Para azar das pobres cobaias, isso nunca funcionou.

A barreira de uma milha em menos de quatro minutos permaneceu imbatível até que um jovem inglês chamado Roger Bannister decidiu que conseguiria quebrá-la. Bannister bateu o recorde quando, no dia 6 de maio de 1954, conseguir correr uma milha em 3 minutos,

59 segundos e 6 décimos. Ele foi considerado um herói e, mais tarde, recebeu o título de cavaleiro.

A quebra desse recorde foi uma notável façanha, mas o motivo que me leva a lembrar esse fato é contar o que aconteceu depois e que considero muito mais notável e fascinante: nos quatro anos seguintes, mais de quarenta pessoas correram uma milha em menos de quatro minutos. O "inquebrável" estava sendo quebrado com frequência. A crença fora mudada: "Agora você pode correr uma milha em menos de quatro minutos." Permissão concedida!

QUE BARREIRA DE QUATRO MINUTOS VOCÊ PRECISA QUEBRAR?

Como você pode ver com esses dois famosos exemplos de crenças abandonadas, o que você acredita que é capaz de fazer pode impedir seu progresso no trabalho e na vida pessoal – ou pode ajudá-lo a alcançar inacreditáveis objetivos.

De certa maneira, todos nós precisamos fazer nossa corrida de uma milha em quatro minutos todos os dias, pois o simples fato de sair de casa, e fazer o melhor que podemos, significa desafiar algumas das crenças que temos sobre o trabalho que realizamos. Quantas vezes por dia você usa afirmações limitantes ou as escuta no escritório ou em casa? Aqui estão algumas com as quais você pode se identificar.

NO TRABALHO

"Isso sempre foi feito dessa maneira."

"Não vamos chegar a lugar nenhum mudando o método de trabalho."

"Quando eu tinha a sua idade, blá-blá-blá..."

"As mulheres nunca vão para a frente nesta empresa."

"Você precisa de um diploma para conseguir alguma coisa neste mundo de hoje."

"O que importa nesta empresa não é o que você sabe, mas quem você conhece."

EM CASA

"Você é igualzinho a seu pai: desorganizado."

"Por que você não pode ser como seu irmão mais velho?"

"Você não vai chegar a lugar nenhum com esse tipo de atitude."

"O filho do meio é sempre problemático."

"O filho mais novo é sempre mimado."

NÃO CULPE SEUS PAIS DE AGORA EM DIANTE

A parte mais importante da mudança é perceber que você tem o poder de realizá-la, tomando consciência de que seus pais fizeram o melhor que puderam nas condições em que viveram, mas agora só depende de você. Chega de desculpas: assuma a responsabilidade.

Em meus aconselhamentos, fico impressionado com o grande número de pessoas que me dizem que só agora percebem que vinham culpando os pais por coisas que aconteceram há muito tempo, quando poderiam estar reprogramando seu piloto automático ou sua autoimagem com novas informações.

O QUE VOCÊ DIZ PARA SI MESMO CONTROLA SUA AUTOIMAGEM

Como você pode ver no diagrama anterior, a maneira como você fala consigo mesmo é a chave para trabalhar sua autoimagem. Pensamentos positivos são perda de tempo se você os usar de maneira seletiva e ocasional. Para que a autoconversação gere bons frutos é preciso aprender a controlá-la o tempo todo, de maneira que a opinião que você tem de si mesmo permaneça consistente.

O fato mais interessante sobre sua autoimagem é que é você que toma a decisão de colocá-la para cima ou para baixo: ninguém mais pode fazê-lo. A maneira como você fala consigo mesmo diariamente determina como seu piloto automático será programado e a altura em que você será capaz de voar na vida.

REPRISANDO FILMES MENTAIS

Você sabia que seu pensamento é como um filme? A maneira como você fala consigo mesmo dispara imagens mentais de como você se enxerga e isso controla seu modo de se sentir emocionalmente.

Você consegue se lembrar da última vez em que alugou um filme sem grandes atrativos? Quanto tempo você assistiu ao filme? Bem, provavelmente isso dependeu de você ter algo mais interessante para ver. Por exemplo, se estivessem mostrando a final de um campeonato de futebol ou de tênis, você não perderia seu tempo assistindo a um filme de segunda categoria.

É exatamente assim que nós, seres humanos, raciocinamos: quando erramos, conversamos conosco sobre o assunto e "reprisamos o filme" do erro. Começamos a ter imagens visuais de fracassos e nos colocamos numa baixa altitude. As coisas começam a ficar problemáticas e nos perguntamos por quê. Começamos a culpar as pessoas e acontecimentos que nos rodeiam pela maneira como nos sentimos quando, na verdade, a decisão de reprisar o filme que nos fez sentir mal foi nossa. Mas se tivéssemos um filme melhor para assistir, ou seja, algumas imagens visuais de sucesso, não ficaríamos assistindo a uma velha reprise.

Pense em seu filme favorito: como você se sente quando ele chega ao fim? Motivado e emocionado? Feliz e relaxado? Quando reprisamos um acontecimento positivo em nossa mente, o efeito é o mesmo de se rever um filme "positivo": dizemos a nós mesmos como nos sentimos bem e começamos uma autoconversação positiva.

CONVERSE CONSIGO MESMO E CAMINHE PARA O SUCESSO

Uma das mensagens mais consistentes encontradas em qualquer manual de autodesenvolvimento é aquela que diz que a maneira como você fala consigo mesmo acabará decidindo como você vai se sair na vida.

Pense num momento em que as coisas não iam bem com você. Quando alguém lhe perguntava como você estava, sua resposta era algo como "vou mal" ou "mais ou menos", num tom de voz desanimador. Isso não apenas mostrava ao outro que você não estava bem, mas reforçava para você mesmo o quanto se sentia mal – e o ciclo continuava exatamente como no diagrama mostrado.

Ao controlar sua autoconversação, você decide como deseja enxergar a vida. Pense em quantas vezes você disse coisas ruins a seu respeito, algo como: "Seu idiota – o que o fez agir assim?" ou "Eu sou tão gordo/feio." Você não teria muito amigos se falasse com eles da maneira como fala consigo!

Numa folha de papel, faça uma lista das afirmações negativas com que costuma se referir a si mesmo. Ninguém vai ler essa lista, por isso seja bastante honesto. Quando tiver escrito todas as afirmações que for capaz de lembrar, tente imaginar outras, agora positivas, que poderia dizer no lugar de cada uma delas. Da próxima vez que você se vir usando uma afirmação negativa, desafie sua autoconversação a substituí-la por uma positiva. Aqui estão alguns exemplos para ajudá-lo a começar:

Afirmações NEGATIVAS sobre si mesmo
Estou exausto.
Estou cheio desse emprego.
Esse mundo é uma droga.

Afirmações POSITIVAS sobre si mesmo
Eu me sinto ótimo.
Gosto de meu emprego mais e mais a cada dia.
Amo a vida.

Comprometa-se agora a começar a usar palavras que o coloquem "para cima" quando estiver conversando consigo mesmo ou com amigos e familiares. Todos nós caminhamos na direção de nossos pensamentos presentes, por isso a situação em que você se encontra hoje não é acidental. Você a planejou; você decidiu estar ali. Você, consciente ou inconscientemente, quis estar como está agora. Mas você pode mudar a direção de sua vida – se assim o quiser!

Há muitos anos, durante uma viagem que fiz pelos Estados Unidos, estava esperando no saguão de um aeroporto quando me deparei com um poema publicado numa revista. Acredito que ele resume perfeitamente o quanto somos responsáveis por nossos sucessos – e fracassos.

ATITUDE

Quanto mais eu vivo, mais percebo
o impacto da atitude na vida.
É mais importante que a instrução,
o dinheiro, as circunstâncias,
os fracassos, os sucessos,
qualquer coisa que alguém diga ou faça.

É mais importante
que a aparência, o dom, a destreza.
O mais incrível é que
temos a opção de criar
a atitude que teremos a cada dia.
Não podemos mudar o passado.
Não podemos mudar a atitude das pessoas.
Não podemos mudar o inevitável.

Só podemos mudar
o único aspecto que podemos controlar,
a nossa atitude.

Estou convencido de que a vida
é 10% o que realmente nos acontece
e 90% nossa reação a esses acontecimentos.

Quando se trata da maneira como você se sente, a escolha é totalmente sua. Sem dizer "se" ou "mas". É você que está sentado na cadeira do piloto!

CAPÍTULO 2

AUTOCONFIANÇA: ESSE É O SEGREDO

> Semeie uma ideia e colherá uma ação; semeie uma ação e colherá um hábito; semeie um hábito e colherá um caráter; semeie um caráter e colherá um destino.
>
> **Ralph Waldo Emerson**

NESTE CAPÍTULO

▪ Como melhorar sua autoconfiança ▪ Ninguém pode aborrecê-lo, a não ser que você permita ▪ Como os vencedores voltam das derrotas ▪ Como a opinião que você tem de si mesmo determina seu sucesso ▪ Por que o mundo é seu espelho ▪ Envenenamento mental e pessoas negativas ▪ Assumindo a responsabilidade pelo próprio sucesso ▪ Como melhorar a autoestima de seus filhos ▪ A autoestima e seu parceiro ou parceira ▪ Como ser forte em tempos difíceis ▪ Como o contato com pessoas positivas cria o sucesso

Uma das melhores citações que ouvi sobre a autoimagem, ou autoestima, é: "Nós comparamos o nosso interior ao exterior dos outros." Se você se comparar às pessoas que o rodeiam, sua autoestima jamais crescerá. Então, como saber se você tem alta ou baixa autoestima?

Bem, embora seja possível fazer exames de sangue em laboratórios para medir o colesterol e outros elementos, o teste da autoestima se baseia apenas em como você se sente a seu respeito. Ninguém pode mergulhar em sua cabeça e avaliar esses sentimentos. É claro que existem centenas de testes de avaliação da autoestima aos quais você pode se submeter, mas o que conta mesmo é a sua opinião.

Existe um método muito simples de se ter uma ideia de como a autoestima trabalha e como você está neste momento. Eu o chamo de "Conta Bancária de Autoestima".

CONTA BANCÁRIA DE AUTOESTIMA

Essa conta funciona de maneira similar à sua conta bancária, pois você pode fazer depósitos ou retiradas sempre que desejar. E, como toda conta bancária, quando você gasta demais e faz grandes saques, o resultado é que a conta fica no vermelho. Outra semelhança é que você é o único a ter a senha do caixa eletrônico: em outras palavras, só você pode depositar ou retirar.

Sejamos mais específicos: ninguém pode aborrecê-lo! Antes que você pense que estou vivendo num mundo de fantasias, vou demonstrar o quanto essa afirmação é poderosa. Nós costumamos dar o poder de controlar nossa autoestima às pessoas que nos rodeiam – mães, pais, maridos, esposas, até mesmo filhos – em vez de fazermos um esforço consciente para sermos vigilantes quanto ao que nos é dito e quanto ao que estamos preparados para aceitar. É claro que você vai se aborrecer algumas vezes, mas é preciso dar permissão antes que alguém tenha o poder de fazê-lo: você precisa dar seu consentimento.

Também é necessário consentir que os elogios tenham algum efeito positivo em sua Conta Bancária de Autoestima, ou seja, você precisa acolher esses cumprimentos. Estamos todos prontos a aceitar um chute no traseiro, mas temos uma tendência a ser muito ponderados quando alguém nos faz um elogio. Podemos até imaginar: "O que será que essa pessoa está querendo?" e começar a suspeitar.

Voltemos à analogia da conta bancária. O que acontece quando você recebe algumas contas inesperadas pelo correio? Você não se sente feliz com a situação, mas tem de pagá-las assim mesmo. Seu equilíbrio financeiro pode não parecer tão saudável quanto estava antes de pagá-las, mas você sabe que ainda possui dinheiro para saques inesperados. Sua Conta Bancária de Autoestima funciona da mesma maneira. Se você puder mantê-la regularmente num certo equilíbrio, descobrirá que, quando tiver de enfrentar contratempos, eles serão vencidos sem balançar suas estruturas.

O HOMEM DO ESPELHO

Greg Norman, o golfista número 1 da Austrália e do mundo, conhecido como Tubarão Branco, afirmou uma vez que, quando estava jogando abaixo de seu padrão habitual e a imprensa o estava perseguindo, ele sempre sabia que o conselho que o livraria do problema seria aquele do "Homem do Espelho".

Na televisão australiana, perguntaram a Greg como ele havia conseguido se livrar do fracasso que precedeu sua triunfante vitória no campeonato britânico de 1993, ele respondeu que havia melhorado o jogo pouco a pouco, um buraco de cada vez. Antes de cada competição, Greg determinava um objetivo realista e não se propunha simplesmente a vencer a partida.

É interessante observar que a imprensa esportiva naquela época continuava a publicar manchetes como "Greg fracassa", sem saber o que estava acontecendo na mente do campeão. Hoje, Greg Norman é reconhecido como o melhor golfista do país e, em termos financeiros, é também um dos esportistas de maior sucesso em todos os tempos.

Então, quem é "O homem do espelho" do Tubarão Branco? Cerca de seis anos atrás, eu estava numa turnê de palestras pela Austrália com uma das maiores companhias de seguros do país. No fim da viagem, uma mulher chamada Suzanne veio me cumprimentar pelo que ela considerou duas horas emocionantes e provocativas. Ela perguntou: "Paul, você conhece *O homem do espelho*?"

Instantaneamente, meu pensamento se voltou para a entrevista de Greg Norman. Respondi que tinha ouvido falar, mas que não conhecia. Suzanne me contou que *O homem do espelho* fora encontrado numa prisão, nos Estados Unidos, onde os condenados à morte esperavam o cumprimento de sua sentença. Dois prisioneiros estavam prestes a ser executados. De manhã, após a última refeição, eles foram levados das celas onde haviam pernoitado. Mais tarde, quando os guardas da prisão vieram fazer a limpeza do local, encontraram *O homem do espelho* escrito na parede.

Quando voltei da turnê, encontrei este fax enviado por Suzanne:

O HOMEM DO ESPELHO

Se teu sonho deixar de ser simples miragem
e Rei por um dia o mundo te eleger,
analisa no espelho tua imagem
e ouve o que aquele Homem vai dizer.

Pois na vida, pai, amigo ou amante
não farão o julgamento reputado;
o indivíduo cujo veredicto é importante
é aquele que te observa do outro lado.

É esse Homem que deve estar jubiloso,
pois até o fim ele estará contigo
e terás passado no teste mais doloroso
se, ao ver o Homem do Espelho, enxergares um amigo.

É fácil iludir o mundo com falsa doçura,
ser aquele a quem todos pedem um conselho,
mas a recompensa final é só amargura
para quem ilude o Homem do Espelho.

Lembro-me da primeira vez em que li esse poema. Tive que relê-lo inúmeras vezes. Para mim, ele realmente expõe a base da autoestima.

O MUNDO É SEU ESPELHO

Foi isso o que você pensou quando leu *O homem do espelho*? Pois foi isso mesmo o que eu pensei. São palavras extremamente poderosas, que nos mostram, de maneira sutil, três pontos de grande importância:

1. Você precisa gostar de si mesmo antes que qualquer outra pessoa o faça.
2. Quem se importa com o que os outros pensam a seu respeito? O que realmente conta é a opinião que você tem de si mesmo.
3. Você pode enganar algumas pessoas durante algum tempo, mas, no fim das contas, não pode enganar a si mesmo.

Adoro levar esse poema a meus seminários devido às diferentes reações que ele provoca nos participantes. Tenho recebido sempre respostas positivas, e, numa ocasião em que pedi à plateia que se manifestasse, um sujeito de cerca de 30 anos de idade levantou a mão. Ele disse: "Gostei muito de *O homem do espelho* porque me esclareceu algo que há anos me deixava confuso."

David prosseguiu dizendo que costumava trabalhar para um bem-sucedido empresário. "Todas as manhãs, o chefe caminhava pelo escritório para desejar um bom dia a todos. Quando ele se aproximava de mim, sempre fazia algum comentário positivo e estimulante. Um dia, ele veio ao nosso departamento e me perguntou: 'David, você conhece a pessoa que você barbeou hoje de manhã?' Fiquei surpreso. Pensei: 'Não fiz a barba de ninguém hoje! Do que esse cara está falando?'

Ele continuou a me fazer a mesma pergunta e eu fiquei ainda mais intrigado. Quando perguntei a ele o que queria dizer, a resposta foi simplesmente: 'um dia você vai descobrir.'" David contou que, após ler *O homem do espelho* em meu seminário, conseguiu decifrar o enigma de seu chefe.

O QUE É NECESSÁRIO PARA ABORRECÊ-LO?

Às vezes, você acorda de manhã e percebe que dormiu muito mal. Virou-se na cama o tempo todo e acordou inúmeras vezes. Finalmente, quando amanhece, você se sente como se não tivesse dormido nem um segundo. Depois de começar o dia com lerdeza, você entra no carro e segue para o trabalho. Está dirigindo quando, de repente, alguém vira à esquerda sem avisar e quase bate na frente de seu carro. O que a maioria das pessoas faria numa situação dessas? Aposto que gritaria: "Seu idiota, @#$%*#!" É o que eu faria!

Imaginemos outro cenário. Você teve uma noite de sono maravilhosa e tudo parece estar correndo às mil maravilhas, você levanta, toma o café da manhã sem pressa, ouvindo seu programa de rádio favorito. Tudo parece bem. De repente, quando está dirigindo, um sujeito resolve ultrapassá-lo sem o mínimo cuidado. Qual seria a diferença em sua reação? Provavelmente, faria apenas um sinal para deixá-lo passar ou pensaria: "OK, cara, siga em frente. Não vou me aborrecer com essas bobagens."

Você já ouviu alguém em sua família ou no trabalho dizer que tem "pavio curto"? São pessoas que perdem a paciência por qualquer motivo e com muita frequência. Mas não existe essa história de pavio curto – é, na verdade, baixa autoestima.

Uma vez, ouvi uma afirmação brilhante que, para mim, resume essa ideia de maneira inigualável: "O tamanho de uma pessoa é determinado por aquilo que é necessário para aborrecê-la." Aquele que se descontrola com facilidade está, na verdade, dizendo que se aborrece com as pequenas coisas da vida. Você pode imaginar o que está acontecendo com a Conta Bancária de Autoestima dessas pessoas? Todas as vezes que se aborrecem, elas sacam autoestima dessa conta e voam cada vez mais baixo. Quanto mais baixo elas voam, mais aborrecidas ficam. Quanto mais aborrecidas ficam, mais responsabilizam os outros e, assim, ficam voando em círculos.

Agora, dedique um tempo para anotar tudo o que o aborreceu nas duas últimas semanas. Analise a lista: essas coisas que o aborreceram

eram grandes ou pequenas? Você consegue perceber em que situações seria capaz de manter melhor o controle? Quando eu faço esse exercício, reconheço alguns sinais que me avisam se minha Conta Bancária de Autoestima está sendo exaurida ou está muito baixa. Por exemplo, posso descobrir que, ao chegar a um hotel ou aeroporto, pequenos acontecimentos, como atrasos ou pessoas tagarelas, aborrecem-me. Quando estou me sentindo bem, consigo me desligar e ignorar a tagarelice ou os gritos das crianças ligando o aparelho de som do avião ou, se um voo está muito atrasado, telefono para um cliente ou dois e fico sabendo notícias deles e de seus funcionários.

NÃO PODEMOS CONTROLAR A DIREÇÃO DO VENTO, MAS PODEMOS AJUSTAR AS VELAS

Lembro-me de ter visto a frase acima há cerca de sete anos, num clube de vela em Singapura. Para mim, ela diz tudo sobre como lidar com a rapidez com que as mudanças ocorrem nos dias de hoje. Se você permitir que as pequenas coisas o aborreçam, pode perder a esperança de aumentar sua Conta Bancária de Autoestima e chegar a um nível significativo. Você estará sempre fazendo saques devido aos acontecimentos que permitiu que o aborrecessem.

O que o perturba não são os acontecimentos, nem os comentários das pessoas a seu respeito– é a forma de interpretá-los. Você, e somente você, toma a decisão de fazer um saque ou um depósito em sua Conta Bancária de Autoestima.

ENVENENAMENTO MENTAL É COMO ENVENENAMENTO POR COMIDA

Alguma vez você já foi envenenado por ter comido algo estragado? Se não foi, tenho certeza de que já presenciou um amigo ou parente ter em seu corpo alguma bactéria que coloca o organismo em prontidão para rejeitá-la. Seu subconsciente funciona da mesma maneira que seu sistema digestivo, mas, em vez de protegê-lo contra uma infecção física, ele o protege contra algo diferente: o pensamento negativo ou envenenamento mental.

E como podemos proteger nossa mente contra a negatividade? Assim como você possui um sistema digestivo, precisa de outro sistema que o proteja a todo instante.

Voltemos ao 747. Você consegue imaginar as dificuldades que os pilotos enfrentariam se não dispusessem de um sistema de sinais de alerta para avisá-los do que vão encontrar pela frente? Se você já viajou de avião, percebeu que o sinal para apertar os cintos de segurança é aceso antes da turbulência. Talvez você tenha se perguntado por que precisaria do cinto naquele instante. De repente, não precisa mais adivinhar. O avião começa a balançar um pouco e então, com a mesma rapidez, ele se estabiliza. Aí você fica sabendo por que teve de apertar o cinto!

Assim como no 747, você precisa de sinais de alerta em sua vida.

CARONA PARA O TRABALHO

Steve, um analista de sistemas, contou-me uma história muito elucidativa. Ele disse que, no ano anterior, recebeu a oferta de participar de um seminário sobre gestão num local fora da empresa. Ansioso para se instruir ainda mais, aceitou. Dias depois, naquela mesma semana, ele recebeu um telefonema de Harry, gerente de outro departamento, que havia recebido o mesmo convite.

Harry ligara para perguntar a Steve se ele gostaria ir com ele ao evento, uma vez que ambos moravam na mesma área, ao sul da cidade, e o local do seminário era ao norte de Sydney.

Steve aceitou o convite e agradeceu. Como cada sentido do trajeto demorava uma hora, os dois colegas tinham muito tempo para conversar sobre a empresa. Mas Harry era uma daquelas pessoas que reclamam de tudo e de todos. Dois dias depois, Steve percebeu que estava começando a raciocinar como Harry.

No início, os comentários negativos do colega não o incomodaram, mas, depois de ouvi-los repetidamente, Steve começou a se preocupar, pois já estava achando que Harry tinha razão em muitos comentários. As constantes lamúrias estavam começando a florescer. Steve não queria se transformar num chato, por isso decidiu tomar uma atitude: disse a Harry que dirigiria o próprio carro no restante da semana, agradecendo ao colega pela carona dos dois dias anteriores. Ele me disse que, até então, nunca havia percebido o enorme poder que o pensamento dos outros poderia exercer sobre sua maneira de pensar.

Steve sabia que estava na "cadeira do piloto" de sua vida e sabia, também, que só poderiam tocar em sua Conta Bancária de Autoestima se ele permitisse. Mas, mesmo tendo consciência de tudo isso, ele se flagrou concordando com Harry e começando a pensar como ele – depois de apenas dois dias.

O QUE ACONTECE SE VOCÊ VIVER COM UM "HARRY"?

Uma das perguntas mais comuns que ouço em relação à autoestima, principalmente de pessoas casadas ou que estão mantendo um relacionamento estável, é: "O que acontece se eu estiver casado com uma pessoa negativa como Harry?" ou outras questões semelhantes.

Num seminário recente organizado por uma grande empresa, uma diretora, que ocupava um dos cargos mais importantes, sentou-se a meu lado na hora do almoço. Christine me disse que, todas as vezes que voltava para casa após participar de um seminário como o meu, sentia-se altamente motivada e pronta a se comprometer com novos objetivos, tanto na empresa quanto na vida pessoal. Entretanto, quando tentava conversar a esse respeito com Brad, seu marido, ele dizia: "Já sei, você esteve numa daquelas sessões de motivação outra vez. Você sabe que isso não vai durar muito." Christine disse ainda que, apesar das palavras de Brad, ela sabe que conseguiu subir na empresa porque esta sempre enviou seus administradores a seminários, "garantindo que sejamos sempre pessoas vitoriosas".

"Mas o lado mais irônico", prosseguiu, "é que quem mais precisa desse tipo de trabalho é o Brad. Ele está sempre se lamentando que o mercado é muito duro, que ele não consegue fazer bons negócios e que os clientes nunca ficam satisfeitos."

O crescimento de meus seminários de casais é uma prova de que as pessoas desejam melhorar não apenas a vida profissional, mas também a pessoal; a empresa de Christine decidiu montar um seminário de casais e o marido dela resolveu participar. Após a palestra, ela me apresentou a um homem muito agitado e entusiasmado: era Brad, que me disse o quanto apreciara o seminário e afirmou que agora conseguia compreender o estado de espírito de Christina quando voltou daquele nosso primeiro encontro.

Brad afirmou que o ponto que mais o tocou foi perceber que estava tentando administrar os negócios sem ter definido claramente seus objetivos e que ele e Christine precisavam redefinir seus objetivos pessoais.

FIQUE EM DIA COM AS ATIVIDADES BANCÁRIAS

Para muitos de nós, a vida diária se resume a ir ao trabalho e voltar para casa, desejando que as coisas melhorem, mas sem ter certeza de como fazer com que isso efetivamente aconteça. Antes que qualquer melhora possa ocorrer, é preciso estar concentrado na sua Conta Bancária de Autoestima.

Num dos últimos seminários para parceiros que realizei, organizado para um grande banco australiano, Linda explicou como, durante vários anos, ela havia esperado que seu marido, Roger, voltasse do trabalho para casa e perguntasse de que maneira ela havia passado o dia. Em vez disso, ele chegava em casa exausto devido às tensões que sua empresa lhe trazia, uma vez que lidava no mercado financeiro, e logo mergulhava no sofá, diante da televisão. Linda falou da necessidade que sentia que Roger lhe desse a mesma atenção que dispensava à empresa. Como ele não demonstrava o mínimo interesse pela vida da esposa, a autoestima de Linda começou a afundar cada vez mais, até que um dia ela leu um livro de autoajuda centrado na importância de assumir a responsabilidade pela própria autoestima e parar de culpar os outros. Linda percebeu que sua autoestima estava num nível baixo porque ela estava esperando que outra pessoa fizesse um depósito na sua Conta Bancária de Autoestima. Linda resolveu se esforçar para, dali em diante, não culpar o marido por sua infelicidade e começou a assumir total responsabilidade sobre si mesma.

LÓCUS DE CONTROLE

De quantas pessoas você consegue se lembrar neste momento que, como Linda, acreditam que só se encontram em determinada situação na vida devido às atitudes de outros indivíduos?

O Lócus de Controle chega ao âmago dessa questão. Em latim, lócus significa "posição, lugar", por isso, Lócus de Controle é simplesmente o lugar onde você imagina que esteja a posição de controle de sua vida. Quanto mais você pensar que o Lócus de Controle está dentro de você, mais facilidade terá em descobrir como melhorar seu desempenho. Se você achar que o Lócus de Controle de sua vida está em outras pessoas ou acontecimentos, estará dando a essas pessoas e acontecimentos o poder de passarem por cima de você.

Que quantidade de Lócus de Controle você está assumindo atualmente por sua situação na vida? As pessoas, em geral, têm 100% de Lócus de Controle quando estão no trabalho, onde assumem total responsabilidade por quaisquer eventos e pela maneira de lidar com eles. Mas, quando chegam em casa, elas entregam esse poder aos acontecimentos e àqueles que as rodeiam.

Sharon, que trabalha como assistente pessoal de um importante empresário em Melbourne, descreveu o seguinte cenário: ela sabia que, como assistente pessoal de Rick, era responsável por toda a agenda relacionada a ele. Rick estava sempre viajando pelo país, mas ela conseguia marcar todos os compromissos, deixando ainda um tempo livre para que ele pudesse descansar.

Entretanto, Sharon vivia perguntando a si mesma por que, no trabalho, ela era tão prática e bem-sucedida, ao passo que no lar era uma pessoa completamente diferente, que tomava inúmeras decisões discrepantes entre si. Ninguém parecia feliz e os pequenos aborrecimentos eram constantes. Então, Sharon descobriu o Lócus de Controle e a aceitação da responsabilidade. Percebeu que enquanto estava no trabalho conseguia enorme sucesso, mas em casa estava permitindo que os acontecimentos a controlassem.

Por muito tempo, Sharon guardou o desejo de realizar o almoço de Natal em sua casa, em vez de ir à casa de seu irmão mais novo, onde esses encontros aconteciam há vinte anos. O Natal na casa do irmão sempre fora agradável, mas não muito excitante. E, segundo Sharon, a mulher dele nunca parava de reclamar sobre como vinha trabalhando desde agosto para organizar tudo! Todas as vezes que Sharon se oferecia para fazer o almoço no ano seguinte, sua mãe se intrometia dizendo que "tem sido sempre assim desde que seu irmão se casou".

Sharon contou que era só ouvir a mãe dizer isso, e pronto! Ela começava a pensar: "Bem, se mamãe acha que deve ser assim..." e desistia da ideia mais uma vez.

Naquele Natal, porém, o almoço foi feito na casa de Sharon! O que aconteceu? O que mudou? Uma coisa, e apenas uma: ela assumiu total responsabilidade por convencer todos de que, pelo menos uma vez, seria bom fazer uma mudança. Pelo menos uma vez! Ela havia decidido que o Natal seguinte seria em sua casa. Como teria feito no trabalho, Sharon se sentou com o marido e, juntos, concentraram-se em todos os comentários negativos que ouviriam e, sem serem negativos ou condescendentes, ensaiaram as respostas que dariam.

Quando deram a notícia aos familiares, ouviram a conversa fiada e os comentários de sempre: "Outra vez com essa ideia!" Mas ela e o marido convenceram todos de que uma mudança no Natal seria algo extremamente agradável.

Segundo Sharon, o fato mais impressionante foi o seguinte: após todos terem concordado, a mãe se aproximou dela, demonstrou grande orgulho pela maneira com que ela havia lidado com a situação e disse estar ansiosa para que o Natal chegasse logo. E sua cunhada, que sempre reclamava, disse que estava animada por mudar a rotina "só uma vez".

Não estou, em nenhum momento, afirmando que você deva sair por aí dizendo aos outros como devem agir. Ao contrário: viva sua vida calmamente e permita que as pessoas enxerguem por si mesmas. Se você for visto como um indivíduo responsável por sua vida e sua autoestima, encorajará os outros a fazerem o mesmo.

AUMENTANDO A AUTOESTIMA DE SEUS FILHOS

Nos últimos cinco anos, não houve um seminário em que pessoas não me procurassem durante o intervalo para me falar do sucesso que tiveram com seus filhos pequenos ou adolescentes, utilizando meu material.

A enfermeira Karen estava participando do evento com o marido, um vendedor de automóveis de luxo, cuja empresa decidira organizar um seminário de parceiros. Durante o intervalo, Karen me procurou para contar que havia aprendido da maneira mais dura o quanto a autoestima pode criar ou destruir o desempenho de uma criança. Jason, seu filho de um casamento anterior, estava apresentando problemas na escola, com dificuldades de adaptação – a difícil separação dos pais, com posterior divórcio, estava começando a influir no desempenho escolar do menino. Ele tinha acessos de raiva se não conseguisse o que queria e se mostrava constantemente desatento durante as aulas; o mesmo acontecia em casa.

Um dia, porém, houve uma repentina mudança no comportamento de Jason: seu quarto, que até então mais parecia um chiqueiro, estava mais arrumado. Curiosa por descobrir o motivo de tal mudança, Karen foi à escola e conversou com Sarah, a professora, que explicou que já estava completamente desnorteada com as atitudes de Jason. Já fizera inúmeras tentativas de controlá-lo sem nada conseguir. Como não tinha mais nada a perder, Sarah decidiu usar uma abordagem diferente e, em vez de chamar a atenção de Jason para tudo o que ele fazia de errado, passou a dar a ele funções que só eram atribuídas aos alunos que tinham bom comportamento. Sarah disse que foi como se um raio tivesse iluminado o céu: daquele momento em diante, o desempenho de Jason começou a melhorar e ele ficou mais tranquilo. A mudança observada por Karen significava que Jason estava lutando para ter em casa o mesmo reconhecimento por parte da família.

O que aconteceu? Um raio de luz? Acho que não. Só existe uma razão para a mudança no comportamento de Jason: sua Conta Bancária de Autoestima estava começando a se recuperar. Após o divórcio dos pais, Jason se viu cercado de negatividade e isso estava se espalhando por todos os setores de sua vida. Ao tratá-lo com respeito na escola, a professora o ajudou a começar a enxergar a vida de maneira mais positiva.

Os chineses têm um ótimo ditado: "A água desce pela montanha", o que significa que o que quer que esteja acontecendo no alto, na vida dos pais, sempre corre para baixo, onde estão os filhos. Da mesma maneira, o que quer que esteja acontecendo na sala da diretoria de uma empresa acaba sempre fluindo até os que nela trabalham.

Se você tem uma criança-problema em casa, experimente o método da professora de Jason e veja o que acontece. Quando conto essa história em meus seminários, observo que ela provoca inúmeras reações e muitos casais me escrevem para agradecer por tê-los ajudado a atravessar períodos de grandes dificuldades. Eles se dão conta de que os problemas em seu relacionamento estão fluindo até os filhos e percebem que, se chegarem a um acordo, talvez essas crianças comecem a melhorar.

Jason tem 7 anos, mas acho que o mesmo conceito funciona para pessoas de todas as idades. Todos nós somos crianças grandes em roupas de adulto, lutando para que nos digam que estamos nos saindo bem, que o que estamos alcançando na vida tem valor e que somos importantes.

COISAS MAIS IMPORTANTES NAS QUAIS DEVEMOS NOS CONCENTRAR

A história que se segue nos mostra como, quando nos concentramos no cenário mais amplo, as pequenas coisas deixam de ser problemas. Frequentemente, casais que trabalham na mesma empresa participam do mesmo seminário: Darren e Michelle formam um desses casais.

Ambos trabalhavam na mesma multinacional e estavam ali há sete anos. Conheceram-se através de amigos em comum e namoraram cerca de dois anos. Nos dois primeiros anos de casados, saíam sempre com amigos e se divertiam muito. Tempos depois, todos aqueles amigos – que haviam se casado mais ou menos na mesma época – começaram a ter filhos. As coisas mudaram: os eventos sociais começaram a girar em torno das crianças.

Embora Darren e Michelle também desejassem constituir família, optaram por buscar primeiro a estabilidade financeira e emocional antes de mergulharem de cabeça na função de pais. Como a vida social dos dois fora interrompida de maneira inesperada, eles começaram a perceber que conheciam pouco um ao outro. Sem distrações, como festas e fins de semana fora da cidade, eles se deram conta de que um teria de ser o melhor amigo do outro. A despeito de acreditar que seu relacionamento era igual ou melhor que o da maioria de seus amigos, acabaram descobrindo que a Conta Bancária de Autoestima do relacionamento andava muito baixa. Seus objetivos já não eram tão claros e eles tinham dificuldades para se concentrar em sua energia e no amor.

Seis meses se passaram até que eu me encontrei casualmente com Darren em outra conferência. Ele me pareceu tranquilo e me disse que o relacionamento com Michelle estava cada vez melhor. Quando perguntei o que eles, como casal, haviam feito de mais importante para investir na relação, Darren me disse que aprenderam a estar atentos à autoestima um do outro e que se empenhavam sempre em aumentar o saldo de sua Conta Bancária de Autoestima. "Por exemplo, logo que nos conhecemos, estávamos sempre elogiando um ao outro pelas coisas mais insignificantes – o que um de nós estava vestindo ou fazendo, por exemplo, mas deixamos que isso nos escapasse por entre os dedos. E costumávamos sair à noite, pelo menos uma vez por semana, para ir ao cinema. Por algum motivo, isso também foi acabando. Sem essas pequenas coisas, nosso nível de autoestima diminuiu."

Darren observou que as pequenas coisas que os aborreciam antes ainda aconteciam, mas não tinham nenhum impacto no relacionamento porque eles não permitiam que se tornassem poderosas. Comparados ao cenário mais amplo que gostariam de alcançar, esses pequenos percalços nunca eram grandiosos. "Temos coisas mais importantes para focar", disse ele. "Começamos a planejar onde desejamos estar daqui a dois anos e a ansiar por isso. Sabemos que filhos fazem parte dos planos para algum momento no futuro, mas não temos certeza de quando isso vai acontecer. O que sabemos agora é que desejamos viajar para a Europa e para a Índia antes de nos tornarmos pais e, por isso, esse é o grande objetivo que temos para os próximos doze meses."

VENCENDO OS MOMENTOS DIFÍCEIS AO LADO DE SEU PARCEIRO

Anne Morrow Lindbergh, em seu brilhante livro *Presente do Mar*, compara a vida a um oceano: tudo na vida é cíclico, assim como a maré. O sucesso vem e vai, vem e vai. Sua saúde vem e vai, vem...

Pense no relacionamento com seu parceiro ou parceira: você consegue se lembrar de um período verdadeiramente maravilhoso, em que tudo dava certo? Vocês se davam muito bem e nada poderia perturbá-los. Tenho certeza de que se lembra também de períodos difíceis, quando nada que você dissesse era capaz de fazer o outro feliz. Você indagava: "O que estou fazendo de errado?" E a resposta era: "O problema não é você, sou eu." Isso lhe parece familiar?

É nesses momentos que o seu nível de autoestima e confiança vem socorrê-lo. Você sabe que sua autoestima está intacta e precisa se conscientizar de que o problema não está em você. Tenha a coragem de dar ao outro espaço suficiente para organizar os pensamentos dele. Por mais que deseje, não tente resolver o problema do outro – isso tira dele todo o poder e somente ele pode aumentar o saldo da própria Conta Bancária de Autoestima. O ponto importante aqui é o seguinte: se você não permitir que o outro tenha um espaço próprio, a negatividade dele começará a influenciar sua autoestima.

Você não pode mudar o mundo sozinho. Se conhece alguém que, por algum motivo, está se deixando afundar, dê a essa pessoa o apoio necessário para que ela possa encontrar a si mesma.

Por que não oferecer a ela a chance de participar de um seminário? Ou de ler um livro de autoajuda? Ouvir uma fita? Coloque ao alcance dela esses benefícios e os utilize você também.

MENTORES – APROXIME-SE DAS PESSOAS COM AS QUAIS VOCÊ GOSTARIA DE SE PARECER

Neste livro, um pouco mais adiante, vamos mostrar como você se move na direção daquilo que pensa. Uma das formas mais rápidas de começar a mudar seu pensamento e passar a ver a vida de maneira mais positiva é se misturar com as pessoas que pensam dessa maneira. Se você se relacionar com pessoas bem-sucedidas, a visão positiva que elas têm certamente vai contaminá-lo.

Converse com um vencedor e descobrirá que, independente do que estejam discutindo, tudo é dirigido para um objetivo. Os vencedores nunca colocam a culpa nos outros pelas situações que enfrentam. Estão sempre em busca de resultados e ansiosos por obtê-los. Eles assumem a responsabilidade pela posição em que se encontram e pelo lugar que desejam alcançar.

Qual é a diferença entre um adolescente que se dá com as pessoas erradas e comete um crime e um contador de 37 anos que se embebeda com seus colegas todas as tardes nos bares? A situação é a mesma. O laço que une esse adolescente a sua gangue e esse contador a seus colegas de bar levam ao mesmo resultado final.

VOCÊ DECIDE COM QUEM ANDA

Com quem você está andando? Quem molda seu modo de se enxergar? Esses indivíduos estão sempre colocando-o para baixo? Estão sempre fazendo de você o principal alvo de piadas?

Analise cuidadosamente as pessoas que você chama de amigos e talvez se surpreenda ao ver o quanto elas o impedem de subir na vida. Embora eu seja a primeira pessoa a dizer que não fazem por mal, o problema é totalmente diferente. O ponto principal é: se você resolver se dedicar a algo e começar a alcançar bons resultados, vai perceber que alguns de seus amigos se sentem ameaçados. O subconsciente de cada um deles age de maneira a "segurar você" para ter certeza de que você não passe a acreditar que pode se sair melhor, simplesmente por temerem que, se você começar a subir, eles possam perdê-lo. Você terá de ser o juiz dessa situação, mas lembre-se: nossos pensamentos mais dominantes controlam aonde chegamos na vida.

SUCESSO

Se você achar que está acabado, estará.
Se achar que não tem coragem, não terá.
Se quer vencer, mas acha que não pode,
com certeza, você não poderá.
Se você pensa que vai perder, está perdido,
pois neste imenso mundo descobrimos
que o sucesso começa com a vontade
e com a maneira como nós nos sentimos.
Se você acha que não tem brilho, não terá.
É preciso pensar alto, chegar ao céu,
é preciso ter certeza de si mesmo
se quiser ganhar da vida algum troféu.
A luta pela vida não é vencida
por aquele que é mais forte ou mais sagaz;
porém, cedo ou tarde, quem triunfa sempre
é aquele que acredita ser capaz!

CAPÍTULO 3

A SORTE E COMO ATRAÍ-LA

> A SORTE FAVORECE AS MENTES QUE TÊM DISPOSIÇÃO.
>
> **Louis Pasteur**

NESTE CAPÍTULO

■ Como a clareza de propósitos cria a sorte ■ Por que você precisa, primeiramente, decidir o que deseja ■ Como identificar informações inúteis ■ Quando você joga na loteria, retarda a sorte ■ Como os "deslocadores de atenção" trabalham contra o sucesso ■ Como estar sempre "no lugar certo, na hora certa" ■ Por que a impaciência subentende a dúvida em si mesmo

Atualmente, parece que cada segundo de propaganda na televisão nos bombardeia com mensagens para ficarmos ricos de uma hora para a outra: "Compre seu bilhete para o Dia das Mães e ganhe milhões!", "Sua chance de tirar a sorte grande no Dia dos Pais!" e inúmeras outras. Anúncios como esses nos prometem aquele ingrediente vital que achamos que vem de fora de nós: a sorte.

E corremos atrás dessas promessas porque elas são a única forma de sorte sobre a qual ouvimos falar. Para muitos, "sorte" é algo que acontece quando ganham um prêmio ou dinheiro. A mídia reforça essa mensagem com promessas de como nossos sonhos irão se tornar realidade na segunda-feira à noite, se apenas comprarmos um bilhete.

OS VENCEDORES SABEM QUE ELES CRIAM A PRÓPRIA SORTE

O que você alcançaria se tomasse a decisão de nunca mais comprar um bilhete de loteria? E se você decidisse que a única "sorte" que terá na vida virá de dentro de você? Todas as pessoas de sucesso sabem que elas criam a própria sorte porque se colocam no lugar certo, na hora certa.

A minha versão de sorte pode ser mais bem explicada pelo diagrama. Sempre que o mostro a pessoas bem-sucedidas, elas concordam totalmente, pois sabem que é verdade porque funcionou em suas vidas. Quando você concentra todas as suas energias e pensamentos num objetivo, as oportunidades começam a aparecer.

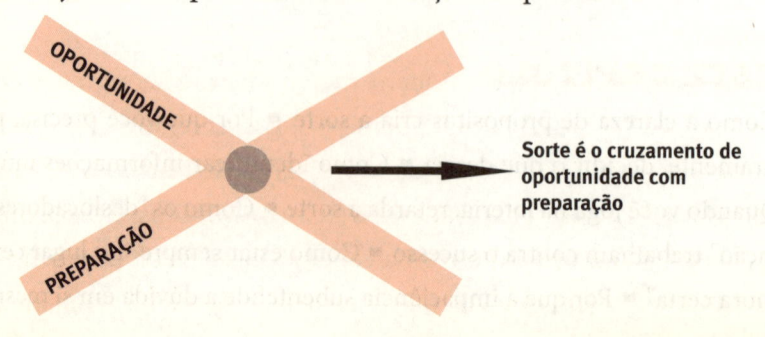

OPORTUNIDADE × PREPARAÇÃO → Sorte é o cruzamento de oportunidade com preparação

PROCURE AS CÉLULAS PARTIDÁRIAS

Imagine que você foi ao mercado para fazer as compras da semana. Qual é seu primeiro pensamento quando se aproxima do local? Uma vaga para estacionar, é claro. E o que parece que nunca o está esperando? Uma vaga para estacionar!

Então, de repente, você "tem sorte" e começa a ver pessoas se dirigindo aos automóveis com sacolas cheias de compras.

Assim que o desejo fica bem claro em sua mente, as "células partidárias" de seu cérebro começam a procurar respostas. Decida "vaga para estacionar" e adivinhe o que acontece! Você começa a prestar atenção em tudo o que se refere a vagas. Não tem nada a ver com sorte!

Outro exemplo: uma de suas melhores amigas menciona que assistiu a um maravilhoso filme que acaba de chegar à locadora. Você não se lembra de ter visto o tal filme nas prateleiras quando esteve lá, mas diz a ela que, da próxima vez, vai procurar.

Na manhã seguinte, quando chega à loja, o que está à sua direita logo que entra? Uma centena de cópias do tal lançamento! Será que elas estavam lá no dia anterior? Aposto que sim: todas as cem cópias. Por que você não as viu? Falta de clareza. Quando um objetivo se torna bem claro e centrado, você passa a enxergar como atingi-lo.

COMECE COM O OBJETIVO NA CABEÇA

Todos nós já vivemos a experiência de sair para comprar um presente de aniversário para uma amiga e voltar para casa três horas depois completamente frustrados porque não encontramos nada apropriado.

Mas e aquela pessoa com quem você foi fazer as compras e que, ao contrário de você, sabia exatamente o que iria comprar: por exemplo, um CD do artista favorito da aniversariante, Harry C.? Quanto tempo ela levou para comprar o CD? Cinco minutos, no máximo. Ela já chegou com esse objetivo na cabeça, ou seja, comprar um CD desse cantor, e, assim que entrou no centro comercial, correu para a loja, procurou a seção de jazz, depois a letra H, de Harry. Bingo! O CD estava comprado.

Essa pessoa teve "sorte"? Não. Simplesmente tinha uma ideia clara do que queria e as "células partidárias" de busca lhe mostraram como consegui-la.

EU ACHEI QUE MEU CARRO ERA ÚNICO!

Você está procurando um automóvel novo e vê um cuja cor é incomum. Você se convence de que precisa ter aquele carro porque a cor é ímpar, diferente de tudo o que você já viu. Vinte e quatro horas depois de comprar o carro, você já viu vinte outros veículos exatamente do mesmo tom: todos têm aquela mesma cor "única".

Os especialistas em vendas chamam esse fenômeno de "remorso de comprador": você precisa provar a si mesmo que fez uma boa compra, por isso suas "células partidárias" de busca começam a buscar provas desse fato. O que isso também demonstra é que, quando você concentra o pensamento, começa a enxergar as coisas a seu redor com uma clareza impressionante.

DESLOCADORES DE ATENÇÃO

A maioria dos australianos está familiarizada com a fabulosa atmosfera de um dia de verão na praia: ondas que batem na areia, crianças que brincam e gritam o mais que podem, helicópteros sobrevoando a área para verificar a presença de tubarões, barcos de resgate de surfistas e música chegando através de alto-falantes.

Mas você já percebeu que, tão logo pega um jornal ou livro e começa a ler, o fato de ficar concentrado na leitura parece bloquear todo esse barulho?

Melissa, mãe de dois pares de gêmeos, veio a um de meus seminários e me disse que bloquear o barulho é a única maneira que encontrou para manter a saúde mental. Quando as crianças estão brincando e gritando, a casa está uma verdadeira bagunça e ela sente que está chegando ao limite, senta no sofá, pega uma revista e fica ali por meia hora. Segundo Melissa, esses trinta minutos são a diferença entre perder a paciência com os gêmeos (e com o marido, quando ele chega em casa) e manter a concentração e o controle.

Como o meu trabalho me faz viajar regularmente por todo o país, as viagens de avião fazem parte de minha vida, adoro uma viagem e fico muito feliz todas as vezes que estou a bordo de um avião. O lado ruim, obviamente, é que nunca posso prever se aquele "passageiro infernal" estará sentado a meu lado durante as quatro horas necessárias para voar de Sydney a Perth ou se aquele bebê de seis meses, que estava usando todo o poder de seus pulmões na sala de espera, estará acomodado na fileira atrás da minha.

Para manter a sanidade (e também relaxar), coloco os fones de ouvido e ouço música clássica pelo serviço de som do avião. Quando ouço música, todo o barulho do motor, dos gritos das crianças e da voz dos tripulantes que estão servindo o lanche parece desaparecer. Estou na cadeira do piloto de minha vida: eu decido o que pode me aborrecer.

A TERCEIRA PISTA DE SYDNEY

Quem poderia se esquecer dos protestos e atrasos que ocorreram quando a terceira pista do aeroporto de Sydney foi aberta? Embora eu praticamente more em aviões, tenho total simpatia pelos ocupantes das casas situadas nas rotas de aeronaves.

Mas algo engraçado aconteceu recentemente. A caminho do aeroporto Kingsford-Smith, em Sydney, parei num posto de gasolina que ficava numa dessas rotas. Um enorme 747 estava passando por ali, voando tão baixo que parecia querer arrancar o telhado do posto. Quando fui pagar, perguntei ao sujeito que estava no caixa como ele conseguia suportar tanto barulho. Sabe o que ele disse? "Que barulho?" Pensei que era uma brincadeira, mas ele estava sendo honesto. Como trabalhava ali há dez anos, conseguira, subconscientemente, treinar a si mesmo para bloquear o barulho do avião e manter a sanidade mental. Seu último comentário foi: "Cara, se eu prestasse atenção a todos os aviões que passam por aqui, ficaria louco!"

O SUCESSO PODE SER BLOQUEADO

Algumas vezes, colocar "deslocadores de atenção" pode ser uma péssima ideia. Assim como é possível bloquear o barulho de um 747 voando acima de sua cabeça, também é possível bloquear o sucesso.

Como veremos no capítulo 10, você atrai na vida aquilo que considera que você seja digno de receber. Por isso, um dos primeiros passos para "ter sorte" em qualquer área é decidir que você merece o que almeja, seja um emprego mais gratificante, encontrar o amor ou ganhar mais dinheiro. Em outras palavras, pare de bloquear o sucesso e comece a criar a própria "sorte".

Quando falo sobre isso em meus seminários, descubro que diversas pessoas aceitam com muita rapidez a ideia de que criamos nossa sorte: a sorte não é algo que simplesmente acontece. Mas também percebo que elas são bastante seletivas. Se, por um lado, aceitam o fato de que estão atraindo na vida toda a boa sorte que merecem, por outro lado relutam em admitir que, pelo mesmo motivo, também atraem a má sorte.

Rachel, uma vendedora de cosméticos de uma grande loja de departamentos, me procurou num de meus últimos seminários para me dizer que eu havia acertado em cheio ao afirmar que muitas pessoas são seletivas quanto ao tipo de sorte que atraem para suas vidas. Ela me contou que, no ano anterior, havia permitido que seu nível de autoestima ficasse extremamente baixo: rompera um namoro de três anos e, dois meses depois, seu irmão morrera de câncer.

Embora todos os que a rodeavam procurassem apoiá-la, Rachel afirmou que, depois de alguns meses, o que ela mais precisava era de alguém que lhe desse uma boa "bronca" e a mandasse parar de ter pena de si mesma. "Todos estavam temerosos de dizer algo assim porque não queriam me fazer sofrer ainda mais, mas a verdade é que, se eu não tivesse vindo a este seminário hoje, provavelmente continuaria sentindo pena de mim por mais um ano."

O que você tem bloqueado até agora que poderia tê-lo ajudado a alcançar mais sucesso?

COMO CRIAR A PRÓPRIA "SORTE"

Essa é uma das decisões mais difíceis de se tomar, mas, quando você o fizer, nunca mais vai olhar para trás: a decisão de que estou falando é assumir o compromisso de ser responsável por tudo o que está acontecendo em sua vida.

Você pode determinar os objetivos que desejar, ser o mais positivo que puder e trabalhar mais arduamente que qualquer um, mas conseguirá muito pouco se não assumir total Lócus de Controle por seus sucessos e fracassos. Quanto do que está acontecendo em seu mundo você acha que é controlado por você e quanto acredita que se deve ao acaso?

QUANDO EU TIRAR A SORTE GRANDE

Com tanto estímulo e atenção da mídia aos jogos de azar, não é nenhuma surpresa que os australianos gastem milhões de dólares todos os anos tentando melhorar seu estilo de vida.

Vamos esclarecer um ponto em primeiro lugar: não sou uma daquelas pessoas que desejam controlar como os outros gastam suas horas de lazer e seu suado dinheiro. Acredito que depende de cada um. Afinal, esse capítulo (e o livro inteiro!) é sobre assumir o controle da própria vida, mas quero ter certeza de que você sabe o que está fazendo quando deposita todas as suas esperanças e sonhos em algo sobre o qual não exerce nenhum controle, como o jogo.

Dennis, um homem de 35 anos que trabalha como controlador de estoque, participou de um de meus seminários e é um exemplo perfeito dessa situação. Ele havia trabalhado quase vinte anos (parou de estudar com apenas 10 anos de idade) e ainda não conseguia chegar sem dívidas ao fim do mês. Ele me disse que ficou estarrecido durante minha apresentação porque sentiu como se eu estivesse descrevendo a vida dele.

Dennis me disse que desde pequeno sonhava parar de trabalhar durante um ano e ficar viajando pelo mundo, mas, como não possuía dinheiro suficiente, achava que só faria essa viagem quando ganhasse na loteria. Depois de me ouvir falar, ele percebeu que havia se deixado envolver pela propaganda apresentada na mídia, dando o Lócus de Controle total a algo que não podia controlar: a loteria e o jogo.

Quantas pessoas você conhece que mal conseguem esperar para correr e comprar uma "raspadinha" ou um bilhete de loteria? Lócus de Controle é basicamente a quantidade de responsabilidade que você assume por seu sucesso na vida, o quanto você acredita que controla aquilo que acontece em seu mundo. Horóscopos, cartomantes, apostas em profusão e obsessão por bilhetes de loteria são sinais de que você perdeu a esperança em si mesmo, sinais de que não acredita que é capaz!

Bem, você é. Mas, primeiramente, precisa tomar a grande decisão: de agora em diante, suas conquistas e sucessos na vida virão apenas através de seus esforços. Seus sucessos virão porque terão enfoque próprio. Seus objetivos e aspirações serão alcançados por sua maleabilidade e tenacidade, pelo fato de ter um plano e se agarrar a ele, por mais difícil que possa ser.

IMPACIÊNCIA SINALIZA DÚVIDA EM SI MESMO

Para quem realmente vai à luta, jogos de aposta significam apenas dúvida em si mesmo. Significam falta de amor próprio e, portanto, a tentativa de fazer com que o universo lhe dê algo que, no fundo do coração, você sabe que não merece. É a tentativa de conseguir algo sem se esforçar e, como diz o ditado: "não existe almoço de graça". Neste mundo, nada cai do céu. Se você acha que recebeu alguma coisa sem nenhum motivo, repense a situação com cuidado. Você pode acabar se surpreendendo ao descobrir o quanto pagou, de outras maneiras, pelo que recebeu.

VOCÊ ESTÁ SEMPRE NO LUGAR CERTO, NA HORA CERTA

Provavelmente, você está pensando: "Que ideia mais maluca!" Mas é verdade. Você sempre esteve no lugar certo, na hora certa. Quando desanuviar seus pensamentos e se concentrar de verdade naquilo que deseja, você vai começar repentinamente a atrair para sua vida os acontecimentos e as pessoas de que precisa para fazer de seus sonhos realidade.

Se ficar esperando que a sorte venha do alto, você não age, mas fica flutuando no espaço até que ela venha buscá-lo. Não permita que o excesso de propaganda da mídia ou os anúncios de jogos de azar o enganem. Você está criando seu nível de sorte atual. E, se não estiver satisfeito com esse nível, continue a ler! Depois que começar a enxergar, com um foco mais preciso, aonde deseja chegar na vida, vai começar a se questionar por que não começou mais cedo a determinar e definir claramente seus objetivos.

Capítulo 4

DETERMINAÇÃO DE OBJETIVOS: COMO CONSEGUIR UM FOCO MAIOR EM SUA VIDA

> Objetivos são sonhos com data de entrega.
>
> **Paul Hanna**

NESTE CAPÍTULO

■ Por que você precisa focar o que deseja, e não o que não deseja ■ Como enxergar a si mesmo como uma pessoa bem-sucedida, usando a visualização ■ Preparando-se para o sucesso futuro ■ Por que é imprescindível anotar seus objetivos ■ A diferença entre milionários e bilionários ■ Como objetivos claros e bem focados o fortalecem ■ Por que um objetivo sem data de entrega permanece um sonho ■ Como economizar mais dinheiro com a definição de objetivos ■ Por que a falta de uma "rota de fuga" o mantém focado em seus objetivos ■ Por que uma avaliação é essencial para se manter o foco

Recentemente, quando eu estava fazendo uma turnê de palestras pela Austrália para a empresa BMW, Mike, um dos funcionários do setor de vendas, me descreveu sua participação em um seminário para treinamento de motoristas profissionais. Um dos primeiros exercícios envolvia estar ao volante e, de repente, usar os freios sobre uma estrada escorregadia simulada através de um aparelho. Colocado de maneira estratégica bem em frente ao motorista, havia um enorme cone, semelhante aos que vemos ao longo de rodovias que estão sofrendo reparos. A ideia era bastante simples: ponha o pé no freio, vire o volante e desvie o obstáculo. Mike disse que todos os participantes, sem exceção, batiam no cone, e todos tinham desculpas para isso.

NÃO FOCALIZE OS OBSTÁCULOS

À medida que o programa de direção foi progredindo, os participantes começaram a ficar conscientes de uma das lições fundamentais do bom motorista: o que todos faziam ao frear era perceber a presença do enorme cone à sua frente. E então, pronto: moviam-se na direção daquilo que estavam olhando; mas, no fim do dia, todos conseguiam dirigir com tranquilidade sem bater no cone.

O que mudou? Mike explica: "Tudo o que o instrutor fez foi pedir a todos que fizessem o seguinte: em vez de olhar para o cone quando o carro estivesse derrapando, deveriam olhar para o lugar aonde queriam ir. Mesmo que isso fosse difícil de ser feito no começo, todos começaram a 'pegar o jeito' e o processo ficou fácil."

Aqueles motoristas receberam um exemplo concreto do que acontece quando somos distraídos por um obstáculo. A vida é exatamente igual: se você ficar pensando no que não quer que aconteça, há uma enorme chance de que se mova em direção a esse ponto.

IMAGI-VEJA SEU SUCESSO
(VISUALIZE SEUS OBJETIVOS)

Formei uma nova palavra para descrever o processo de visualizar onde você deseja chegar: imagi-ver. Os desportistas não têm dificuldades com esse princípio, porque sabem que funciona e eles o usam.

Em um de meus seminários com casais, Kevin, um campeão de dardos, disse que quando se prepara para um campeonato vai para a cama pensando somente na tábua de alvos e, particularmente, no centro dela. Como parte de seu ensaio mental, ele fecha os olhos e imagina o pequeno círculo do meio – o alvo certeiro – como se fosse do tamanho de toda a tábua. Ao visualizar essa ideia a todo instante, Kevin acaba reforçando a imagem mental de um alvo gigantesco. Ele pensa o tempo todo no alvo, e não no ato de lançar o dardo. E foi assim que se tornou um campeão.

Se você não dirigir seu foco para um objetivo bastante específico, a probabilidade é que seu potencial nunca venha à tona. Alguma vez você entrou no McDonald's e pediu: "Me dá alguma coisa para comer?" Tenho a certeza de que não. A maneira certa de fazer um pedido é chegar ao balcão, selecionar algo do menu da parede, pagar e comer. Qual é a diferença na vida?

SEJA ESPECÍFICO EM SEU PEDIDO (FOCO)
PAGUE POR ELE (TRABALHO ÁRDUO E DETERMINAÇÃO)
SABOREIE (AS CONQUISTAS)

SUA IMAGINAÇÃO É SEU SIMULADOR DE VOO

Você já voou sobre o antigo aeroporto de Hong Kong? Se não voou, pergunte a alguém que já o fez como foi a aterrissagem. Provavelmente, essa pessoa usará adjetivos como "assustadora", "excitante" ou "inacreditável". Todos eles estão corretos. Na aproximação final do aeroporto de Kai Tak, o avião circulava montanhas íngremes, como um tubarão circulando a presa. Para chegar à pista, ele precisava voar entre edifícios. Eu não disse sobre, disse entre eles!

Digamos que uma companhia aérea internacional desejasse que um de seus pilotos começasse a fazer essa rota: o que você acha que aconteceria se ele jamais tivesse passado por Hong Kong? Será que a empresa diria: "Pegue um 747, coloque 300 passageiros dentro dele e vá tentando pousar até acertar"? Acho que não.

Ela faria o piloto praticar num simulador de voo, o que lhe permitiria enxergar o processo "real" de aproximação do aeroporto de Hong Kong: montanhas, prédios, água, etc.

Preparar um piloto para que aterrisse em Hong Kong é o mesmo que se preparar para o sucesso na vida: quando você começa a se imaginar possuindo as qualidades de alguém a quem admira e passa a fazer isso a todo o instante, começa também a se mover nessa direção. Seu objetivo pode ser conseguir algo material, como um novo aparelho de som, ou você pode desejar mudar a maneira como reage a determinadas situações, por exemplo, manter-se calmo quando alguém o aborrece. Se você quiser acrescentar mais força à definição de objetivos, comece a imaginá-lo AGORA, como se já fosse realidade.

CARRO DE SEUS SONHOS

Sam, um aficionado de carros esportivos, contou-me que desejava desesperadamente possuir o carro de seus sonhos, mas sentia que essa possibilidade estava mais longe que nunca. Quando perguntei o que ele fizera para impulsionar suas emoções e focar o objetivo de possuir o carro, ele disse que não sabia o que eu queria dizer. Na verdade, ele só havia pensado nesse desejo quando viu um veículo semelhante passar rapidamente e quando visitou a exposição anual de automóveis.

Após aprender o poder da visualização, Sam começou a imaginar seu novo carro esportivo. Foi a uma revendedora especializada nesse tipo de veículo e pegou três brochuras coloridas. Assim que chegou em casa, recortou uma fotografia bem grande do carro de seus sonhos e a colou no teto, acima da cama. Agora, a primeira coisa que vê todos as manhãs e a última que vê todas as noites é a foto.

Em meu seminário, Sam aprendeu que aquilo que você põe em foco na vida se expande. Assim sendo, não fiquei surpreso ao ouvir que, quando apareciam as tentações para sair com amigos para um fim de semana de gastos, ele parou de aceitar o convite sem pestanejar. Em vez disso, começou a prestar atenção ao dinheiro que vinha gastando e cortou todos os excessos. Antes de se decidir com seriedade a possuir tal carro, Sam comprava qualquer coisa que aparecesse na frente; depois de determinar seu objetivo, ele passou a comparar tudo o que queria comprar ao carro novo. E que valor você acha que o resto passou a ter? Pois é. O carro, agora, era o foco.

Sam me telefonou para contar que estava seguindo à risca o plano de fazer economia e nem acreditava na quantia que já havia conseguido acumular.

VOCÊ SE MOVE NA DIREÇÃO DE SEUS PENSAMENTOS DOMINANTES

ANOTE SEUS OBJETIVOS

Nos Estados Unidos, foi feita uma pesquisa para identificar a maior diferença, se é que havia alguma, entre milionário e bilionário. O resultado me deixou bastante intrigado, pois mostrou que, embora existissem inúmeras diferenças entre os indivíduos pesquisados, a única diferença verdadeira entre milionários e bilionários era que os primeiros liam seus objetivos uma vez por dia e os segundos, duas vezes. Era simples assim.

Quantas vezes você já leu seus objetivos hoje? Quantas vezes nesta semana você os leu? Você já os leu neste ano? Espere aí: você já anotou seus objetivos?

Quando comecei a fazer palestras, ouvi dizer que a maioria das pessoas vai morrer tendo alcançado apenas 3% de seu potencial.

Como você pode atingir seu potencial se não se deu ao trabalho de pensar sobre o que deseja para, então, se comprometer com seus desejos, anotando-os?

Uma das perguntas mais comuns que me fazem é: "Por que preciso anotar meus objetivos?" A resposta surpreende muitas pessoas: quando você anota seus objetivos, está convencendo a si mesmo de que pode alcançá-los. Lembre-se, o mundo é seu espelho, por isso, antes de começar a tentar convencer o mundo de alguma coisa, é preciso estar certo de que você acredita naquilo por que está lutando.

Todos nós estamos no mesmo barco, estamos todos nos movendo com rapidez num mundo em que as exigências de tempo são maiores do que nunca. Se você pretende atingir seu potencial, um dos primeiros e mais importantes passos é ter uma ideia bem clara do que deseja. Anotar seus objetivos coloca-os sob um foco preciso e mantém o impulso de persegui-los.

Faça uma experiência: anote um objetivo de não mais que uma linha e coloque-o no espelho do banheiro para que todas as manhãs, ao se barbear ou se maquiar, você se lembre do que deseja ser ou de onde quer estar.

Há mais ou menos cinco anos, eu estava conduzindo um seminário para vinte e cinco milionários do ramo de automóveis. Todos eles iam maravilhosamente bem nos negócios e todos comprovaram a força de se ter os objetivos diante dos olhos o maior tempo possível. Quando perguntei a eles como faziam isso, um deles me disse que escrevia os objetivos pessoais num pequeno cartão e o prendia no espelho onde se barbeia para vê-lo todas as manhãs. Outro disse que ele e a mulher colocavam os objetivos atrás da porta do banheiro da suíte do casal; assim, eram as únicas pessoas que os liam e o faziam pelo menos duas vezes por dia! Houve muitas outras respostas: nas costas do telefone celular, na carteira, no painel do carro, etc.

O método mais eficiente, ativo e determinado de manter os objetivos em foco me foi descrito por uma importante empresária da área financeira. Gail é uma mulher extremamente bem-sucedida e respeitada por seus colegas. Ela me disse que, usando a secretária eletrônica, gravou a si mesma numa fita lendo os objetivos e que, a caminho do escritório e quando dirige entre dois locais de encontros de trabalho, toca a fita várias vezes, convencendo a si mesma do tipo de pessoa que deseja se tornar.

É emocional, particular e usa as próprias palavras. Perfeito!

COLOQUE OS EMPECILHOS EM PERSPECTIVA, LENDO SEUS OBJETIVOS MAIS UMA VEZ

Sempre que um empecilho ocorre depois que você determinou um objetivo para si mesmo, um dos efeitos mais positivos é o fato de você poder comparar o empecilho ao objetivo.

Aqui está um exemplo: pense em como você se sente quando está se preparando para viajar. Meses antes, você começa a pensar nas férias e em como serão agradáveis. Quando o dia de partir se aproxima, você já se lembra do assunto com mais frequência: o que aconteceria se houvesse um problema no trabalho na quarta-feira e sua viagem fosse no sábado? Como você reagiria? A maioria das pessoas não iria se perturbar, olharia para o calendário e pensaria: "Só faltam três dias!"

Mas o que aconteceria se as férias não estivessem programadas e o mesmo problema acontecesse? É difícil dizer, mas acredito que a maioria das pessoas ficaria perturbada, deixando o problema martelar na cabeça por, pelo menos, dois dias.

O ponto principal não é o que o perturba, mas por quanto tempo isso o perturba. As pessoas de sucesso sabem que terão sua cota de problemas. Os objetivos não impedem que eles apareçam, simplesmente os colocam em perspectiva. Assim sendo, quando você se vir diante de algum empecilho, leia seus objetivos mais uma vez!

OBJEÇÕES SÃO IMPRESCINDÍVEIS A SEU SUCESSO

"As objeções são um pedido para que sejam dadas mais informações." Todo profissional de vendas que atingiu o sucesso na área que escolheu sabe que essa afirmativa é verdadeira. Ele sabe que, quando um cliente entra para comprar algo, vem com uma lista de objeções, ou perguntas, que quando resolvidas resultam na concretização da venda. Quando você tem uma ideia clara e um objetivo bem decidido, tem também mais probabilidade de resistir a quaisquer objeções porque sabe que, ao fazê-lo, estará mais próximo de seu objetivo.

Lembro-me com muita clareza de quando comecei meu negócio e da dor causada por um prejuízo atrás do outro, uma rejeição após a outra. Minha autoestima estava abalada e comecei a me perguntar se tudo aquilo valia a pena. E, com a mesma velocidade que a pergunta veio à minha mente, minha autoconversação apareceu com a resposta: "Você quis ganhar a vida por conta própria, você é aquele que deseja belos automóveis e viagens, você é aquele que disse que jamais trabalharia de novo para outra pessoa. Cale a boca e volte ao trabalho."

A maior lição de persistência aconteceu quando visitei Sean, um de meus clientes atuais, pela primeira vez. Eu havia tentado, sem sucesso, conseguir um contrato com a empresa dele; queria muito que todo o pessoal dele participasse de meus seminários, mas ele se mostrava cético. Ficava sempre dando ótimas desculpas (objeções) para justificar o fato de não poder me pagar e dizia que a empresa não precisava de motivação. De repente, na minha sexta visita, ele se tornou muito positivo a meu respeito: abandonou as desculpas e as substituiu pelos motivos que o levavam a me dar uma chance. Acabamos chegando a um acordo segundo o qual eu faria um seminário-piloto com vinte membros da equipe para que pudessem verificar se haveria algum benefício para a empresa.

Duas semanas mais tarde, recebi a proposta de fazer todos os funcionários da empresa de Sean participarem de meus seminários. No ano passado, quase cinco anos depois, Sean e eu estávamos almoçando juntos quando, de repente, sem nenhum motivo, ele me disse: "Você se deu conta de que veio me ver seis vezes e que só concordei com o seminário-piloto na sexta visita?"

Comecei a rir e disse que lembrava. Foi quando ele me deu um xeque-mate! Uma grande lição: ele me disse que nunca emprega uma pessoa antes de ter certeza de que ela deseja mesmo trabalhar em sua empresa. E acrescentou que a maioria dos vendedores bate à porta, ouve um "não", talvez dois, e depois desaparece. "Quando vejo que alguém volta pela sexta vez, sei que essa pessoa tem verdadeiro interesse pela minha empresa."

DEFINA UM PRAZO FINAL

Você estará enganando a si mesmo se não definir um prazo para seus sonhos se tornarem realidade. Sem um prazo final, eles serão apenas isto: sonhos.

Vejamos o que acontece quando colocamos um prazo final para realizar nossos sonhos: suponhamos que você sempre tenha desejado conhecer a fantástica Grande Barreira de Corais da Austrália. Você lê a respeito desse lugar desde os 7 anos de idade e agora chegou a hora de conhecê-lo pessoalmente, mas todas as técnicas de visualização e todas as brochuras coloridas serão pura perda de tempo se você não marcar um prazo para a data de partida.

Uma das primeiras lições que aprendemos na definição de objetivos foi que, quando estamos claramente focados neles, começamos a ver como atingi-los. Assim que você decide que vai viajar pela Qantas, no voo das 14h30 de sábado, dia 26 de agosto, adivinhe o que acontece! De agora em diante, tudo o que tiver algo a ver com a Grande Barreira de Corais vai começar a se revelar para você. O objetivo vem primeiro e, então, você vê como alcançá-lo.

Em meus seminários, peço a todos que imaginem ter um irmão morando na praia de Scarborough, na Austrália Ocidental. Há muitos anos, ele insiste para que o visitem, mas todos estão sempre dando desculpas e dizendo: "um dia vou até lá".

No intervalo seguinte do seminário, peço a todos que imaginem que receberam um telefonema de sua cunhada, de Perth, avisando que seu irmão acabou de se envolver num terrível acidente e os médicos acreditam que ele não sobreviverá. Pergunto a todos: "Quem sabe o número de telefone de reservas da Qantas ou da Ansett?" Em geral, ninguém se lembra de tais números porque, em seu ambiente diário de trabalho, as pessoas não têm a necessidade de obter essa informação.

Isso só acontece quando algum participante tem uma função que requer constantes contatos com companhias aéreas; em tais casos, essa informação é essencial. Mas vamos dar uma olhada no que acontece quando você sabe que precisa chegar a Perth com urgência: de repente, os números de telefone do setor de reservas daquelas empresas se tornam informações essenciais. O que acontece a seguir? Você liga para o serviço de informações para conseguir os números, depois liga para as empresas aéreas para saber os horários de voo e os preços. E então... Você agora percebe o que acontece quando decide estabelecer um prazo para alcançar um objetivo? Tudo o que você precisa saber para torná-lo realidade se torna essencial e você permite que essas informações cheguem até você.

SEJA ESPECÍFICO

Uma das primeiras perguntas que faço em meus seminários é: "Quem está sempre sem dinheiro?" E quase todo mundo levanta a mão. Algumas pessoas levantam as duas mãos!

Lorraine, gerente sênior de uma empresa farmacêutica, contou que, embora não tivesse dificuldades para obter uma boa renda, tinha problemas por gastar tudo o que ganhava: o dinheiro parecia ir embora com a mesma velocidade com que chegava.

Minha pergunta é a seguinte: por que você guardaria dinheiro se não tivesse um bom motivo para fazê-lo? Em outras palavras, os objetivos não apenas nos dão uma perspectiva quando nos vemos diante de obstáculos, mas também nos fazem ganhar uma nova perspectiva quando gastamos nosso suado dinheiro. Digamos que você deseje comprar uma nova câmara fotográfica. Você está cansado de tirar fotografias de baixa qualidade em sua velha e antiquada máquina. Você tomou a decisão, conhece as características e a marca que deseja adquirir e sabe quanto pode gastar. Sabe que quer ter a câmara em mãos no Natal e está determinado a...

Todos nós sofremos a tentação de comprar por impulso. O que você acha que acontece quando somente um mês o separa de sua câmara nova e você vê uma roupa maravilhosa numa vitrine? Este é o segredo de se guardar dinheiro: os indivíduos que correm atrás de seus objetivos sabem que, assim como todo mundo, eles também sofrerão tentações, mas o que os impede de fazer a compra impulsiva de algo desnecessário é (você adivinhou) o objetivo.

Nick, um estagiário, disse que nunca havia se dado conta da quantidade de tempo e dinheiro que gastava quando saía com os amigos quase todas as noites; ele não compreendia por que, após três anos de trabalho, ainda não possuía nada que representasse todos os seus esforços. Dois de seus colegas de turma estavam contando sobre a maravilhosa viagem que haviam feito a Bali, praticando surfe em Uluwatu e Granjagan, duas das praias com as melhores ondas do local. Eles tinham a mesma idade de Nick e começaram a trabalhar exatamente no mesmo dia que ele. Nick percebeu que nunca havia se preocupado em guardar dinheiro porque pensava que Bali era um sonho inalcançável. Mas agora, diante daqueles dois amigos bronzeados, ele se convenceu de que era possível.

Quando me encontrei de novo com Nick, ele me disse que o que achou mais extraordinário foi perceber que começara a ansiar muito mais por Bali do que pelas saídas à noite. Ele não se tornou um eremita, mas diminuiu a vida social e começou a ficar mais centrado; suas economias aumentaram de maneira assombrosa e ele sentiu que sua autoestima havia melhorado. E já experimenta um sentimento de grande realização, antes mesmo de fazer a tão desejada viagem!

COMPROMISSO: O FRACASSO NÃO É UMA DAS OPÇÕES

Para alcançar seus objetivos, você precisa se comprometer. Esse conceito é difícil de ser explicado em palavras, por isso eu utilizo uma história da obra de Sun Tzu, *A arte da guerra*, para explicá-lo.

Nesse livro, Sun Tzu narra a história de um líder e suas tropas se preparando para invadir uma ilha. Eles chegam à ilha em dez pequenos botes, prontos para atacar o inimigo; para chegar ao povoado da ilha, precisavam escalar uma pequena colina. Pouco antes de chegar ao topo e começar o ataque, o líder da tropa manda que seus homens se virem de costas e olhem para os barcos nos quais acabaram de chegar. Para horror de todos, estavam em chamas: o líder havia queimado e afundado o único meio de transporte que lhes permitiria escapar.

Como você acha que esses homens vão atacar agora? Como aceitarão as baixas que sofrerem? Quanta determinação irá dominá-los, seja o ataque bem-sucedido ou malsucedido?

Se você encara um compromisso com seriedade, seja num relacionamento, na carreira ou em qualquer área, precisa se decidir a queimar os botes de escape de sua vida, porque, se eles estiverem a seu alcance, você os usará ao primeiro sinal de problemas.

Jamais me esquecerei da resposta que recebi de uma senhora, cujo nome era Rose, em um de meus seminários em Adelaide. Eu acabara de falar sobre o exemplo do livro de Sun Tzu quando, de repente, ela disse: "Meu jovem, você acertou na mosca!" Quando perguntei a ela o que queria dizer, ouvi o seguinte: "Esse é o problema que acontece hoje à maioria dos casamentos e relacionamentos: as pessoas não estão preparadas para se comprometer umas com as outras." Segundo Rose, em grande parte dos casamentos as palavras "na riqueza e na pobreza" significam "na riqueza ou então adeus".

Rose prosseguiu comentando que a maior parte dos casais de sua geração havia atravessado tempos muito difíceis, principalmente durante a Segunda Guerra Mundial, mas o que os manteve unidos foi o compromisso que assumiram um com o outro; da maneira como encaravam a vida, não tinham uma rota de fuga. Ela afirmou que, quando a rota de fuga de um casamento é destruída, o casal faz com que ele dê certo, não importa o que aconteça.

FAÇA AVALIAÇÕES PARA SE MANTER NA ROTA

Uma das coisas mais intrigantes que vemos quando estamos dirigindo por uma estrada é a quantidade de informações que somos obrigados a assimilar: "Cuidado, pedestres!", "Pare", "Retorno a 15 km", "Não impeça a passagem"... a lista parece interminável.

Você já imaginou como tudo seria confuso se não existissem sinais? Bem, não há muitas diferenças entre dirigir até um certo destino e definir um objetivo, lutando para alcançá-lo; em ambas as situações, são necessárias muitas avaliações do progresso feito. Sem elas, você pode levar séculos para chegar ou, pior ainda, nunca chegar.

Ken Blanchard e Spencer Johnson, coautores do bestseller *O empreendedor-minuto*, afirmaram: "A avaliação é o café da manhã dos campeões." Precisamos de relatórios sobre nosso progresso, ou avaliações, para nos mantermos no caminho certo, pois é fácil nos desviarmos dele ou perdermos o controle. Observe os sinais de limite de velocidade. Eles mudam constantemente e temos duas escolhas: podemos prestar atenção e ajustar a velocidade ao novo limite ou manter a mesma velocidade, sem dar importância à avaliação (ou seja, o sinal) e pagar a multa que, sem dúvida, acabaremos por receber.

Alguma vez você já se perguntou por que os mísseis que seguem o calor acertam o alvo com inabalável precisão? Eles possuem um objetivo claro e definido: o alvo. Então, quando o míssil é lançado, ele fala consigo mesmo, perguntando: "Como estou me saindo quanto ao lugar que quero atingir, ou seja, o alvo?" O mecanismo a bordo está, constantemente, dizendo: "Mais alto, mais alto, mais baixo, mais baixo" e o míssil vai se ajustando conforme essas instruções. Isso acontece repetidamente a cada milésimo de segundo, até que... BUM! Ele acerta o alvo.

OS OBJETIVOS SÃO A TAMPA DA CAIXA DE SEU QUEBRA-CABEÇA

Você já tentou montar um enorme quebra-cabeça sem o desenho da tampa da caixa para guiá-lo? Se alguém lhe pedisse para fazer isso, você procuraria a câmera escondida pensando se tratar de uma "pegadinha".

Por que, então, nós tentamos montar nossa vida sem a "tampa da caixa"? Os objetivos são essa "tampa da caixa" da vida; eles o mantêm focado e ávido por alcançar o que almeja. Mais importante ainda, eles permitem que você junte as peças com muito mais facilidade do que se tentasse fazer o mesmo sem nada para guiá-lo.

E aqui está uma ótima notícia: se você conseguiu chegar ao lugar em que hoje se encontra sem ter objetivos reais e bem determinados, imagine o que está esperando você quando decidir se tornar mais centrado naquilo que deseja!

CAPÍTULO 5

AGORA CHEGA!

> A MARÉ MAIS BAIXA É A QUE MUDA O RUMO DAS ÁGUAS.
>
> **Anônimo**

NESTE CAPÍTULO

▪ Quando você desejar algo de verdade, você mudará ▪ O passeio de uma vida num 240K GL ▪ Como uma humilhação pública mudou a vida de uma pessoa ▪ Como uma mulher se livrou de um relacionamento abusivo ▪ A última tragada: "Para mim chega!" ▪ Quanto você precisa cair?

Sem nenhuma exceção, todas as pessoas bem-sucedidas que conheço já me falaram de algum acontecimento que, na estrada da vida, lhes deu uma enorme "sacudida" ou as fez dizer: "Agora, chega!", um evento em suas vidas que as fez decidir que mereciam estar voando mais alto, recusando-se a aceitar uma altitude inferior.

Por mais que eu queira ajudá-lo a melhorar sua vida em qualquer área que desejar, você precisa entender que seu compromisso com a mudança é o passo inicial e o mais importante. Você já leu sobre autoestima e definição de objetivos e aprendeu que todos nós temos um impressionante poder dentro de nós; mas o que determina se você usa ou não o poder? A decisão de não mais aceitar a situação atual.

QUANDO SABEREI QUE JÁ AGUENTEI DEMAIS?

Como você saberá que não pode tolerar mais nada? Quando estiver realmente pronto para se libertar de seu modo de ser atual, criado por suas crenças.

Uma história que ouvi em Nova York há cerca de dez anos vai lhe mostrar o que quero dizer. Eu estava esperando um trem no famoso metrô quando vi um sujeito de uns 45 anos que dizia: "Arrependam-se, arrependam-se" e contava histórias, enquanto as pessoas esperavam o trem chegar. Bem, eu estava rindo dele, como todos os que estavam por perto, quando, antes que me desse conta, comecei a prestar atenção ao que ele dizia.

O que me cativou foi a história: um homem, desiludido com a própria vida, foi consultar um mestre de uma antiga religião oriental e perguntou: "Quando saberei o que é o verdadeiro conhecimento? Quando saberei por que estamos neste planeta?" Os dois homens estavam perto de um pequeno lago. O mestre colocou a mão sobre a cabeça do tal homem e começou a empurrá-la para baixo, enfiando-a dentro da água.

O homem não lutou porque sabia que o mestre tinha alguma coisa misteriosa para lhe ensinar. Depois de quinze segundos sob a água, percebeu que o mestre não ia deixá-lo respirar, por isso começou a resistir um pouquinho. Como isso não teve nenhum efeito, ele decidiu tomar uma atitude e empurrou o mestre para o outro lado.

O mestre, porém, continuava a segurá-lo; o homem, então, investiu contra ele furiosamente e o empurrou, fazendo um enorme esforço para respirar. "Por que o senhor fez isso, mestre? Eu poderia ter morrido!", disse ele confuso. "Quando você desejar o conhecimento tanto quanto desejou o ar, então encontrará a resposta", respondeu o mestre.

O PASSEIO NO 240K GL

A minha "subida para respirar" aconteceu dois anos depois que comecei minha empresa: eu não estava me saindo muito bem e a pilha de contas a pagar crescia a olhos vistos. Meus clientes em potencial me rejeitavam, um após o outro, e pensei: "Será que todo esse sofrimento vale a pena?"

Para conseguir fundos suficientes para manter o negócio, decidi que, por mais que amasse meu carro, ele teria de ser vendido. Assistir ao leilão e ver alguém comprar, por uma pechincha, um BMW azul-marinho foi muito doloroso, mas eu estava determinado a fazer minha empresa sobreviver: eu não iria desistir. Nos dezoito meses que se seguiram, fiquei sem carro e tinha de ir aos encontros ou eventos de trabalho utilizando o transporte público ou caminhando.

Num sábado, fui convidado para o casamento de um primo; peguei um trem que ia até os bairros mais afastados, no lado oeste da cidade, onde a cerimônia iria acontecer. Eu me sentia péssimo, a garganta começava a incomodar e a alta temperatura do trem não ajudava nem um pouco. Após o casamento, minha cunhada, Sue, observando o quanto eu estava me sentindo mal, ofereceu-me uma carona de volta para casa em seu leal Datsun 240K GL; fiquei muito agradecido, pois a última coisa que gostaria de fazer era estar a bordo daquele trem.

A volta para casa no 240K GL mudou minha vida: não porque algo de grande importância tenha acontecido, mas apenas porque, enquanto estava ali, meus pensamentos estavam extremamente focados. Naquele trajeto, decidi que bastava: eu iria parar de sentir pena de mim mesmo e tomaria uma atitude.

Daquele momento em diante, meus negócios começaram a melhorar. Não aconteceu de uma hora para a outra, mas pude ver, pela primeira vez em minha vida, que eu não possuía um automóvel e detestava aquela situação. Eu havia chegado a um ponto que, para mim, era o mais baixo possível e agora já podia começar a subir outra vez.

O VOO DA VIDA DE UMA MULHER

Carol, uma ativa secretária de pouco mais de 40 anos de idade, me procurou no fim de um de meus seminários realizados em Brisbane e me contou por que se identificara tanto com o que eu dissera sobre: "Agora, chega!" Ela me descreveu sua "subida para respirar".

Ela estava voando para Sydney para visitar a família do marido, viagem que repetia todos os anos no Natal, quando chegou a uma súbita conclusão. Barry, o marido de Carol, era um operário e sabia que a esposa, uma mulher com grande excesso de peso, não se sentia à vontade num avião. Ele havia sugerido que, naquele ano, pagassem mais caro e viajassem na classe executiva. Mas Carol sabia que eles não poderiam gastar tanto assim e se opôs. "É um voo de apenas uma hora", disse ela na ocasião.

Aquela viagem acabou se tornando, literalmente, o voo da vida de Carol. Os médicos a haviam prevenido de que, se não emagrecesse um pouco, morreria ainda jovem, mas ela me disse que o conselho médico não teve o mesmo impacto de estar ali, apertando-se numa cadeira da classe econômica; sentia-se muito constrangida e, para piorar a situação, não conseguiu apertar o cinto de segurança. O momento crítico foi quando a comissária de bordo trouxe um "cinto especial" para Carol e disse: "Experimente este. Talvez a senhora tenha mais sorte com ele." Carol ficou furiosa (e Barry também), mas o comentário daquela moça teve enorme impacto: Carol decidiu, naquele mesmo instante, que começaria a perder peso imediatamente. Não no mês seguinte, mas IMEDIATAMENTE.

Carol me contou que aquele foi o momento em que ela disse: "Agora, chega!" Nos meses que se seguiram, ela emagreceu 20 quilos. A mulher que conheci no seminário era feliz e saudável porque assumiu o controle da própria vida.

NÃO VOU MAIS TOLERAR ISSO

Joan, uma mulher de mais de 50 anos de idade, contou esta impressionante história no final de um de meus seminários empresariais. Quando eu a conheci, ela estava trabalhando para "se reerguer", após sair de um casamento abusivo de mais de vinte e cinco anos. Joan disse que, quando começamos a discutir o "Agora, chega!" no seminário, ela entrou num tipo de transe; passou a analisar a própria vida, lembrando-se de como os abusos haviam começado lentamente e foram piorando com o passar do tempo. Olhando agora para o passado, Joan podia ver que deveria ter saído do relacionamento mais cedo. Quando me contou por que não o fizera, disse a maior das verdades: "Achei que não poderia sobreviver sem ele."

Ela prosseguiu: "Minha falta de autoestima era tão grande, minha autoimagem era tão deturpada que pensei que minha única opção era aceitar o que estava acontecendo." Ela acabou chegando à conclusão de que precisava de ajuda quando o marido ficou desempregado e se tornou uma pessoa tão amarga que os abusos se tornaram intoleráveis.

Joan disse que refletiu sobre as opções de que dispunha e ficou mais do que claro que ela não tinha nada a perder se saísse da relação; nada poderia ser pior do que tudo o que ela estava tolerando naquele momento. Joan me disse que a separação acontecera há dois anos e que sua vida não era nada fácil; mas sabia que estava na cadeira do piloto da própria existência e que poderia ter deixado o parceiro em qualquer outro momento que tivesse decidido.

A história de Joan demonstra claramente como, quando deixamos minguar a autoestima e a opinião que temos sobre nós mesmos, permitimos que as situações mais destrutivas aconteçam e nos sentimos sem forças para interrompê-las.

ESTA É A ÚLTIMA TRAGADA

Um de meus clientes, chamado Eric, disse que sua "subida para respirar" literal aconteceu exatamente às 10h45, num agradável dia de outubro, cinco anos atrás, quando ele estava de férias.

Ele estava visitando Stanley Chasm, uma incrível fenda entre rochas na Austrália, e resolveu se juntar aos companheiros de viagem para explorar um pouco mais o lugar; era uma grande escalada e Eric logo ficou para trás. Ele não podia acreditar. Estava em boa forma física, ou pelo menos acreditava estar, e seus amigos, alguns dos quais vários quilos acima do peso, estavam bem à frente. Eric fumava bastante. Ele disse que havia tentado de tudo para parar, mas nada funcionou até ficar sem ar naquele dia, em Stanley Chasm.

No caminho de volta para casa, Eric decidiu que não conseguiria largar o cigarro de uma só vez, mas se comprometeu consigo mesmo a reduzir o número de cigarros para uma determinada quantidade diária, que iria diminuindo aos poucos. Dessa maneira, assim como começara a fumar um ou dois cigarros por dia e fora aumentando gradualmente seu hábito, reduziria a quantidade até abandonar o vício por completo.

QUANTO VOCÊ PRECISA CAIR?

Nós somos todos diferentes e a maneira como reagimos ao estresse e aos obstáculos é bastante variada. As pessoas de sucesso têm um nível de autoestima que permite que reconheçam como devem ser tratadas. Elas sabem quando alguém as está tratando com menos respeito do que têm certeza de que merecem e tomam decisões rapidamente para sair de um ambiente negativo.

Por quanto tempo você ainda vai tolerar, sem tomar uma atitude, os comentários negativos que certos amigos fazem para você ou sobre você? Quanto tempo vai levar até decidir que "Agora, chega!"?

Chame esses momentos de "hora da verdade" ou "ritos de passagem": esses acontecimentos nos estimulam a mudar e a seguir em frente numa outra direção, para melhorar nossa vida. Eles podem ser dolorosos quando acontecem e podem ser sua "maré mais baixa", mas não se esqueça do poder daquilo que acontece em sua mente quando você decide: "Agora, chega!"

CAPÍTULO 6

A LINGUAGEM DO SUCESSO

> O SUCESSO NÃO VEM DA MANEIRA QUE VOCÊ IMAGINA, ELE VEM ATRAVÉS DA MANEIRA COMO VOCÊ PENSA.
>
> **Robert Schuller**

NESTE CAPÍTULO

- Como atrair o sucesso usando a "linguagem do sucesso" ▪ O desafio da "linguagem do sucesso" ▪ Como afirmações na "linguagem do sucesso" podem, literalmente, mudar a maneira como você se sente ▪ Da repressão contra a autoestima ao uso da "linguagem do sucesso" ▪ Converse consigo mesmo e se empurre para o sucesso

Pense nas pessoas que você conhece que sejam bem-sucedidas na carreira que escolheram. Como elas falam? Que palavras usam para descrever como se sentem sobre si mesmas e a vida em geral? Quando você pergunta "Como vai?", elas dizem "Tudo bem" ou usam algo como "Fantástico!", "Excelente!", "Maravilhoso!"? Aposto que usam palavras poderosas e positivas para descrever suas vidas.

As palavras geram imagens em nossa mente, que geram emoções, que, por sua vez, decidem como você se sente num determinado dia. Que palavras você costuma usar? Este é um ponto primordial: a maneira como você fala sobre sua vida tem um enorme impacto sobre a maneira como você se sente.

Observe, por exemplo, as condições meteorológicas: como você descreve o tempo quando está conversando com um motorista de táxi? Se estiver chovendo, você usa uma afirmação repressora da autoestima, como "odeio dias de chuva"? Se o calor estiver insuportável, você começa a se lamuriar? Outra maneira de enxergar o tempo é apreciar as variações climáticas do país e a liberdade de poder experimentá-las. Faça suas observações sobre o tempo na "linguagem do sucesso" e veja como se sente diferente sobre a vida em geral.

O DESAFIO DA LINGUAGEM DO SUCESSO

Para que um hábito, ruim ou bom, seja perdido (ou formado) são necessários vinte e um dias. Estou desafiando você a quebrar o hábito de usar uma linguagem repressora da autoestima e substituí-la pela "linguagem do sucesso".

A lista que se segue deverá ajudá-lo a descobrir sua posição atual nesse desafio. O que você responderia se lhe fizessem as seguintes perguntas?

Como vão as coisas no trabalho?
Oi, como você está?
O que há de novo?
Como foi seu fim de semana?

Como vai a família?

Esse é um teste bastante simples, mas você pode perceber de imediato se costuma usar uma linguagem positiva ou se, ao falar, conduz a si mesmo para um buraco.

Nas três semanas que se seguirem, veja se consegue ter consciência das palavras que utiliza. Você vai se surpreender com a quantidade de afirmações negativas que saem de sua boca. Muitas delas terão sido assimiladas, inconscientemente, em casa ou no trabalho, mas não importa de onde elas vêm. Anote-as à noite, antes de se deitar. Após alguns dias, se você começar a perceber um padrão, tente parar de usar tais afirmações em suas conversas. Perca esse hábito e observe como você vai começar a se sentir melhor.

AFIRMAÇÕES NA LINGUAGEM DO SUCESSO

Uma "afirmação" é algo que, quando repetido com certa frequência, se torna real.

Certamente, essa não é uma ideia nova; muitas religiões acreditam no poder das afirmações, mas as chamam por outro nome, como orações, cânticos, súplicas, etc. Se você deseja mudar sua maneira de se sentir quanto ao trabalho, relacionamentos ou a vida em geral, experimente usar afirmações na "linguagem do sucesso". Como eu já disse, são necessários vinte e um dias para mudar uma crença ou um hábito, por isso comece logo e observe como sua disposição de ânimo começa a ficar mais harmônica e sua visão geral da vida começa a se elevar.

No primeiro quadro da página 79, você lerá afirmações do dia a dia que reprimem sua autoestima todas as vezes que você as repete. Mude-as para as afirmações do segundo quadro, na "linguagem do sucesso", e preste atenção ao impressionante efeito que elas têm sobre sua maneira de se sentir e de agir em relação a si mesmo e, é claro, a seus amigos e familiares. Como os objetivos, as afirmações devem ser anotadas e lidas pelo menos uma vez por dia, todos os dias. Lembra-se da história dos milionários e bilionários? Quanto mais você mantiver seus objetivos diante dos olhos, mais irá se mover na direção deles.

Afirmações REPRESSORAS da autoestima
Estou tendo um dia terrível.
Estou no meu limite.
Odeio meu trabalho; é muito cansativo.
Não suporto meu chefe.
Nunca vou subir nesta empresa; não depende do que você sabe, mas de quem você conhece.
Nosso relacionamento atingiu o ponto crítico; não sai do lugar.
Tenho um gênio horrível, igualzinho a meu pai.
Estou sempre atrasado. Não consigo chegar na hora.
Todos estão contra mim.
Não se pode confiar em ninguém.
Estou deprimido.
A vida é um sofrimento.
As crianças não respeitam mais os adultos hoje em dia; não é como no meu tempo.
Que a competição se dane!

Afirmações na LINGUAGEM DO SUCESSO
Meu dia está melhorando.
Estou na cadeira do piloto de minha vida.
Cada dia gosto mais de meu trabalho.
Meu chefe me respeita e confia em mim.
Eu controlo meu emprego. Serei promovido quando estiver pronto.
Nosso amor um pelo outro cresce a cada dia.
Estou sempre calmo e relaxado. Nada me aborrece.
Sou sempre pontual.
Todos ficam relaxados em minha presença.
As pessoas confiam em mim porque eu confio em mim.
Estou exultante.
A vida é fantástica.
Eu me relaciono bem com meus filhos. Eles confiam em mim e me consideram seu melhor amigo.
Tem espaço para todos.

CONVERSE CONSIGO MESMO E SE EMPURRE PARA O SUCESSO

Em quase todos os meus seminários, faço a seguinte pergunta: "Quantas pessoas aqui presentes acreditam, neste exato momento, que merecem mais do que têm?" Na maioria dos casos, cerca de 98% dos participantes levantam a mão, sinalizando que desejam melhorar. Essa pesquisa informal me dá a certeza de que a maior parte das pessoas realmente deseja algo melhor na vida. Entretanto, quando pergunto quantas delas acreditam que a maneira como falam pode estar impedindo seu sucesso, a maioria não se manifesta, até chegarmos à parte do seminário que fala sobre a "linguagem do sucesso".

Ted era um ex-funcionário público que estava desempregado quando nos conhecemos num seminário patrocinado pela empresa onde a companheira dele trabalhava. Ele me disse que, na semana anterior, estava assistindo a um vídeo antigo do casamento de um irmão e ficou surpreso ao constatar o espírito alegre e descontraído que ele, Ted, demonstrava na fita; todos estavam rindo e se divertindo, mas ele era o centro das atenções.

Ted percebeu o quanto havia mudado desde que fora despedido, há pouco mais de um ano. Ele me disse que seu comportamento em geral havia sido tomado de grande desânimo e que, após participar de meu seminário, tomou consciência de que as palavras que vinha utilizando todos os dias estavam mantendo sua autoestima num nível baixo e aumentando a falta de confiança. Por mais que sua companheira, Sue, tentasse lhe mostrar isso, ele só pôde perceber o quanto estava "para baixo" quando assistiu ao vídeo do casamento. Era o empurrão que ele precisava levar para começar a reagir. Sue havia sugerido que ele a acompanhasse ao seminário, outras pessoas também levariam os parceiros e ela achou que talvez Ted pudesse conseguir alguma ajuda para sair da situação em que se encontrava.

Cerca de dois meses depois, Ted conseguiu um emprego numa agência de notícias, exatamente o trabalho que ele sempre dizia que iria fazer quando "ganhasse na loteria." Embora não fosse o dono da agência, ele a estava dirigindo e estava "vivendo o próprio sonho", em vez de esperar que a oportunidade caísse sozinha em seu colo. Sue me contou que nunca vira o companheiro tão motivado e que, tão logo o trabalho começasse a prosperar, ele pretendia comprar a própria agência e que estava confiante no sucesso da empreitada.

A IDEIA SE DESENVOLVE DEVAGAR

Você lembra a última vez em que pegou um resfriado? A "linguagem do sucesso" funciona da mesma maneira gradual, mas o faz se sentir melhor, em vez de piorar! Se você ficar sempre repetindo boas opiniões a seu respeito como parte de uma rotina diária, começará a enxergar uma pequena mudança de atitude para um estilo mais positivo e estimulante. O contrário também é verdadeiro: se você perder o foco na "linguagem do sucesso" e se deixar levar por afirmações repressoras da autoestima, vai acabar, sem perceber, mergulhando num abismo e culpando o mundo inteiro por seus problemas.

Comece agora mesmo a formular algumas afirmações simples na "linguagem do sucesso", reafirmando que **VOCÊ PODE!**

CAPÍTULO 7

ENTUSIASMO E SUCESSO

> A ÚNICA COISA MAIS CONTAGIOSA QUE O ENTUSIASMO... É A FALTA DE ENTUSIASMO.
>
> **Anônimo**

NESTE CAPÍTULO

- O que é entusiasmo? ▪ Como os seus olhos são as janelas da sua alma ▪ Como a emoção segue a ação ▪ Por que a maneira como você se conduz determina como você se sente ▪ Como o seu entusiasmo encoraja os que o rodeiam

A palavra "entusiasmo" vem do grego *entheo*, que significa "a inspiração dentro de nós". Em outras palavras, o entusiasmo vem de dentro da alma do indivíduo. Você não pode manter um nível de entusiasmo se não estiver feliz com a maneira como vive sua vida. Você pode fingir entusiasmo, mas as pessoas acabam enxergando seu interior; fica evidente, pois sua alma deixa que percebam.

OS OLHOS SÃO AS JANELAS DA ALMA

Como você se sente e como diz ao mundo que se sente são comunicados feitos através de seus olhos. Para muitas pessoas, é difícil dizer uma mentira olhando nos olhos do outro, pois, de certa maneira, verão seu verdadeiro reflexo e ninguém quer ter um eu desonesto.

POR QUE ÓCULOS ESCUROS DEVEM SEM USADOS COM SABEDORIA

Bob, um de meus clientes, me contou a seguinte história: Janet, uma das vendedoras de sua empresa, estava lutando para alcançar a meta de vendas. Ela pediu a Bob que a acompanhasse um dia para lhe dar alguma orientação; quando voltaram ao escritório, Janet perguntou ao chefe em que pontos ele achava que ela precisava melhorar. A reposta de Bob atingiu o âmago do problema: "Seus clientes não confiam em você", disse Bob. Janet ficou extremamente surpresa e quis saber por quê. Bob respondeu: "Eles não podem ver seus olhos porque você usa óculos escuros o tempo todo." O trabalho de Janet exigia que ela passasse muitas horas na rua e ela precisava usar óculos escuros para protegê-los da luz e de possíveis danos.

Bob concordou com as explicações de Janet, mas disse: "Se você não fizer contato visual, ninguém vai dar o 'sim' a um projeto tão grande como aqueles com os quais você trabalha. Pior ainda, quando você entrou no escritório situado na área visitada, não tirou os óculos, o que criou ainda mais desconfiança. Os clientes poderiam pensar: 'Não tem sol aqui dentro; o que ela está tentando esconder?'"

Como Janet usava óculos de grau, imaginou que não seria muito prático carregar dois pares e foi por esse motivo que ela não os tirou naquele momento. Entretanto, após a conversa com Bob, ela percebeu o poder dos olhos e tomou providências para nunca mais usar óculos escuros num ambiente interno. Quando assimilou esse conceito, seu desempenho melhorou enormemente.

EMOÇÃO SEGUE AÇÃO

Você leu o título corretamente? Emoção segue ação. Todos nós já ouvimos a pergunta "o que vem primeiro: o ovo ou a galinha?" Bem, a sorte é algo semelhante: primeiro você precisa agir com sorte (ação) antes de se sentir com sorte (emoção).

Quando você começa a andar mais depressa, acelerando o passo, as coisas começam a melhorar; as pessoas a seu redor começam a enxergá-lo de uma maneira diferente. Lembra-se da última vez em que chegou ao trabalho se sentindo deprimido? Os que o rodeavam não tinham ideia de qual era o problema, apenas sabiam que algo estava errado. O que acontece quando você chega se sentindo "pra baixo" mais uma vez? As pessoas começam a pensar: "O que será que está acontecendo com ele?" E, se você chega deprimido pela terceira vez, essa é a forma pela qual as pessoas começarão a tratá-lo dali em diante. O mais interessante é que você, na verdade, pediu para ser assim.

Mas o contrário também acontece: quando você começa a demonstrar que se sente feliz, as pessoas passam a comentar como tudo deve estar indo bem em sua vida. Experimente acelerar o passo de sua vida na semana que vem e observe o que acontece. Você vai, automaticamente, começar a se sentir melhor, e isso vai transparecer.

A RESPONSABILIDADE É SUA

Jeremy trabalhava numa empresa que vendia telefones celulares e era muito bem-sucedido. Ele estava no emprego há mais de cinco anos e o conhecia bem. Mas as coisas simplesmente não aconteciam. Como gerente de vendas, ele estava sendo pago para fazer com que os jovens vendedores sob seu comando dessem o melhor de si, mas, quando o conheci, ele estava aborrecido por ver que sua equipe estava "deixando a peteca cair" e não estava conseguindo um número de vendas satisfatório num mercado em franco crescimento.

Perguntei a Jeremy como ele imaginava ser visto por sua equipe naquele momento. Sua resposta resumiu a situação: "Acho que eles me veem como um sujeito velho e rabugento." Os rapazes pensavam que ele já havia desistido, por isso, inconscientemente, se esforçavam menos. Na verdade, Jeremy contou que, ao passar pela cozinha do escritório, ouviu um deles comentando: "Do jeito que ele vai, teremos sorte se continuarmos empregados até o fim do mês."

No capítulo 1, descobrimos como a atitude controla a altitude na vida. Para Jeremy, isso significava uma profunda análise dos motivos que levaram sua equipe a perder o entusiasmo. Ele sabia que falta de liderança e de entusiasmo acabam por desestimular a melhor das equipes de venda, ainda mais no altamente competitivo mercado de telefones celulares, e percebeu que somente os mais fortes sobreviveriam e que precisava mudar de atitude. E sem demora.

Jeremy telefonou para mim dois dias depois de nossa conversa. Disse que estava impressionado com a rapidez da resposta de seus comandados e que retomara o rumo certo; a equipe não sabia que nós havíamos nos encontrado, mas percebia que algo diferente acontecera e que tudo tinha voltado ao normal. Na verdade, um dos melhores vendedores confessou que estava quase desistindo de tudo e que pensara em pedir demissão por achar que Jeremy estava desequilibrado.

Uma semana depois, as vendas já estavam aceleradas e, embora não batessem recordes, Jeremy podia perceber que seu entusiasmo redescoberto era tão contagioso quanto a falta dele.

A CONEXÃO FISIOLÓGICA COM O ENTUSIASMO

Num pedaço de papel, anote cinco peculiaridades de seu comportamento ou cinco hábitos que você tenha quando se sente deprimido: talvez você cruze demais os braços, vista-se com menos cuidado, ande de cabeça baixa. Agora, anote cinco peculiaridades de comportamento ou hábitos que você tem quando está extremamente feliz, como saltitar, cumprimentar as pessoas ou sorrir mais.

Essas anotações devem ter deixado claro para você que suas emoções estão conectadas a sua maneira de agir fisicamente, por isso uma maneira de aumentar seu nível de entusiasmo é tomar maior consciência da ligação entre ação e emoção. Uma vez que você perceba isso, estará 70% à frente.

Eu sempre me senti atraído pelas pessoas entusiasmadas, aquelas que se sentem alvoroçadas pelo simples fato de estarem vivas e que estão sempre ansiando por alguma coisa boa. Todas as vezes que estou perto de indivíduos entusiasmados, acabo me sentindo energizado, independentemente de estar tendo um dia ótimo ou ruim. No poema que se segue, Henry Ford realmente acerta na mosca quando se trata de entusiasmo.

ENTUSIASMO

Você pode fazer qualquer coisa se tiver entusiasmo.
Ele é o fermento que faz suas esperanças
alcançarem as estrelas.

O entusiasmo é a centelha de seus olhos,
o ritmo de sua marcha,
a firmeza de sua mão,

*o irresistível surto de vontade
e de energia para executar suas ideias.
Entusiasmados são lutadores.
Eles têm firmeza e coragem.
Eles têm qualidades perenes.*

*O entusiasmo está na base do progresso.
Com ele, há realizações,
sem ele, só existem álibis.*

Henry Ford

Capítulo 8

TRANSFORMANDO OBSTÁCULOS EM SUCESSO

> Muito dos fracassados na vida são pessoas que não perceberam o quanto estavam próximas do sucesso quando desistiram.
>
> **Thomas Edison**

NESTE CAPÍTULO

■ A história de Ken Tagg – da pobreza a oito lojas McDonald's ■ Medo – da zona de conforto atual à próxima ■ Como se levantar quando se sentir por baixo ■ Como visitar uma praia ou floresta sem sair da sala ■ Por que meditação não é só para gurus indianos ■ Misture-se às pessoas positivas e você será uma delas ■ Quando a situação estiver pior do que nunca, não desista

Você conhece alguma pessoa de sucesso? Já teve a chance de perguntar como foi difícil quando ela estava começando os negócios ou iniciando a busca por uma medalha esportiva? Se teve a oportunidade, posso lhe garantir que essa pessoa lhe deu uma longa lista dos obstáculos que ultrapassou para ser vitoriosa. Os obstáculos são fundamentais para alcançar o sucesso. São eles que nos fazem dar uma boa olhada em nós mesmos e decidir se realmente desejamos ser aquilo que afirmamos desejar.

Todo obstáculo será substituído por uma oportunidade igual ou melhor se você se mantiver focado em seus objetivos. Quando está realmente voltado para eles, você os compara aos obstáculos e decide até que ponto vai permitir que os problemas o aborreçam e o desviem do caminho que traçou.

A HISTÓRIA DE KEN TAGG

Tenho a sorte de conhecer muitas pessoas interessantes em minhas viagens, mas nada me havia preparado para um dínamo chamado Ken Tagg. Ken é o maior franqueado da McDonald's na Austrália, com oito lojas no lado oeste, nos arredores de Sydney.

Esta é a história de como Ken saiu de uma vida de extrema pobreza e se tornou um empresário que emprega 800 australianos e pode ser descrita como uma narrativa verdadeiramente inspiradora.

Ken disse que três momentos decisivos em sua vida o levaram ao lugar onde se encontra hoje: o primeiro ocorreu aos 14 anos de idade, quando ele morava num conjunto habitacional em Concord, na área mais pobre de Sydney. Sua mãe era cega e o pai trabalhava como leiteiro. A família era muito pobre, mal conseguindo sobreviver com o pequeno salário do pai. Um dia, quando voltou da escola para casa, Ken descobriu que o pai os havia abandonado; a família ficou numa situação extremamente difícil e ficou decidido que, se quisessem permanecer juntos, Ken teria de deixar a escola e trabalhar para sustentar a casa. Ele conseguiu um emprego num supermercado, de segunda a sexta-feira, e, nos fins de semana, era frentista num posto de gasolina. Apesar das dificuldades, a família conseguiu se manter unida.

O segundo momento decisivo foi quando Ken tinha 18 anos e foi trabalhar na Coca-Cola como motorista de caminhão. Ele ficou na empresa durante vinte e dois anos, trabalhando e subindo de posição, até chegar a gerente, com a responsabilidade de introduzir na Austrália, Nova Zelândia e na região do Pacífico o sistema de preparação de bebidas denominado post-mix. Enquanto isso, frequentou a escola noturna durante dezesseis anos, visando melhorar seu nível de instrução, e passava todo o tempo livre de que dispunha fazendo trabalhos e pesquisas. A competição era feroz dentro da empresa, mas ele estava determinado a ser melhor que seus colegas de trabalho, todos eles com nível universitário. E conseguiu.

O terceiro momento decisivo aconteceu quando Ken, assim como muitos australianos, resolveu que queria abrir um negócio. Quase chegando à idade mágica de 40 anos, ele fez um balanço da própria vida e decidiu que, embora os anos já vividos tivessem sido maravilhosos, o melhor ainda estava por vir.

O McDonald's da Austrália estava em busca de operadores locais para expandir a empresa na região e Ken teve a certeza de que aquela era sua hora. Ele sabia do enorme sucesso dessa cadeia nos Estados Unidos e não tinha dúvida de que faria o mesmo sucesso em seu país; sabia também que desejava ser um franqueado e que não seria fácil conseguir algo assim. Ken vendeu tudo o que possuía para amealhar o dinheiro necessário e realizar o negócio que, na época, era considerado de "alto risco". Ele foi aprovado no dia 13 de dezembro de 1982, quando sua loja abriu as portas pela primeira vez. Mas as dificuldades eram imensas. Nos primeiros sete anos, ele perdeu dinheiro; nos primeiros três anos, morava num trailer para conseguir manter a empresa funcionando.

Hoje, os restaurantes de Ken na área de Campbelltown vendem mais de 20 milhões de dólares. Ele foi eleito Franqueado do Ano da Austrália em 1994 e, mais tarde, naquele mesmo ano, recebeu o importante prêmio McDonald's Golden Arches, em Las Vegas. Entretanto, quando o conheci em sua loja de Campbelltown, fiquei imensamente surpreso com o estilo de vida simples daquele homem.

De criança pobre a empresário multimilionário, Ken Tagg é a prova viva de que você pode alcançar o sucesso em qualquer área, em qualquer idade, desde que assuma 100% de responsabilidade pela própria vida. Ele é a prova de que os obstáculos são essenciais para se moldar o sucesso e demonstra, acima de tudo, que você nunca deve "oferecer a si mesmo uma saída de emergência: o fracasso não é uma opção".

MEDO: DE UMA ALTITUDE DE CRUZEIRO PARA A PRÓXIMA

Você acredita que um dia teve medo da água? Que teve medo de cortar o cabelo? Você já considerou o ato de andar, uma das funções mais básicas do ser humano, como um enorme desafio? Mas somente até se decidir a dar aquele primeiro passo: e então, pumba!, cair no chão! Com um pouco de encorajamento de seus pais, você insistiu e nunca mais isso foi um problema em sua vida.

Na verdade, o medo de desafios está ali para levá-lo além do limite e fazê-lo sair de uma zona de conforto e passar para a próxima; pense em seu primeiro encontro com alguém do sexo oposto e lembre como estava nervoso. Provavelmente essa recordação lhe traz, hoje, um sorriso nos lábios, mas naquela época você era inseguro, e isso era normal.

Pense num medo que, nesse momento, possa estar impedindo que você desenvolva mais seu potencial: talvez seja falar em público para os colegas de trabalho ou, se você já domina essa prática, falar em público para uma plateia desconhecida. Falo por experiência própria: ao contrário da opinião geral, os grandes oradores não nasceram com esse dom. Eles apenas treinam bastante. Se você puder oferecer a si mesmo mais oportunidades de falar em público, vai descobrir que se sente cada vez mais à vontade, à medida que sua autoconversação muda de "odeio isso" para "acho que estou pegando o jeito de fazer isso, está ficando muito mais fácil". Depois de várias apresentações, sua autoconversação vai ainda mais longe, com comentários do tipo "isso é ótimo!" e "eles estão realmente gostando de minha apresentação".

Quando você desafia o medo ou a dor e os enfrenta, não permite que eles tomem conta de você. Mary Tyler Moore, uma atriz que passou por grandes sofrimentos pessoais, disse uma vez sobre a dor: "Como é possível ser corajoso sem ter passado por desafios na vida? Os desafios é que nos obrigam a juntar nossa coragem."

Assim sendo, na próxima vez em que você se vir diante de obstáculos, lembre-se de que uma oportunidade igual ou melhor o espera na próxima esquina, mas somente se você acreditar nisso.

SENTINDO-SE DEPRIMIDO? EXPERIMENTE ESTES TRUQUES RÁPIDOS

Você sabia que estudos demonstraram que todos nós nos sentimos tristes pelo menos oito vezes por dia? Isso não quer dizer que andamos de cabeça baixa em cada uma dessas ocasiões, mas nos alerta para um desafio fundamental que nos provoca a cada instante: precisamos trabalhar para nos sentirmos felizes.

O que determina o quanto você se sente "pra baixo" cada vez que fica perturbado é seu nível de autoestima. Vale a pena dar mais uma olhada no que Anne Morrow Lindbergh diz, em seu livro *Presente do Mar*, sobre a vida ser como o ir e vir das ondas: quando uma onda se afasta e tudo parece perdido, não se afaste dali, pois ela voltará.

Aqui estão dez truques rápidos para serem utilizados quando você não estiver se sentindo como o campeão que realmente é:

1 - USE A TÉCNICA DE PROJEÇÃO

Uma das favoritas entre os desportistas, a técnica de projeção nada mais é que se concentrar num agradável evento do passado, reacendendo a emoção que ele lhe trouxe. Por exemplo, você pode ter sido mais rápido que o melhor nadador da escola quando tinha 12 anos; a emoção que sentiu naquele momento ainda está dentro de você. Lembrando-se de acontecimentos como esse, você pode usar todas as emoções positivas que experimentou e projetá-las no atual desafio de sua vida.

Por exemplo, quando vou falar para um grupo com o qual nunca trabalhei e vejo a minha autoconversação duvidar de que sou capaz de fazer uma excelente palestra, simplesmente me lembro de uma apresentação recente e da resposta positiva que recebei no final. Lembro-me de como me senti exultante por ver que tantas pessoas se emocionaram com minhas palavras. Então, quando revivo esse sentimento, vinculo-o ao evento que virá. Estou na cadeira do piloto de minha vida.

2 - REVEJA SUA AGENDA

É impressionante constatar quantos clientes ou oportunidades você tem bem debaixo de seu nariz. Pegue sua agenda e dê uma olhada nas páginas dos últimos doze meses. Você vai se surpreender com a quantidade de trabalho não concluído. Anote dez contatos que você ignorou e telefone para eles amanhã. Essa é uma maneira de gerar trabalho para a qual não é preciso usar nenhum poder mental.

3 - ORGANIZE SEUS ARQUIVOS OU FAÇA UMA LIMPEZA NA GARAGEM

Quando você está se sentindo um pouco perdido, um dos motivos pode ser a falta de realizações. Fazer uma faxina na garagem, na despensa ou no escritório pode parecer algo trivial, mas melhora o estado de espírito. Quantas vezes você ouviu alguém dizer, após uma morte na família: "Eu me atirei de cabeça no trabalho e me senti muito melhor"? Muitas vezes, você precisa de algo para quebrar a atual corrente de energia negativa e ajudar seu pensamento a retomar a trilha do sucesso e das realizações.

4 – OUÇA A NATUREZA

Um dos mais poderosos "remédios" contra a ansiedade é o som de água corrente: uma hora na praia ou piscina faz maravilhas. Outra maneira simples de diluir as preocupações é ir a um parque local, deitar-se na sombra de uma árvore e ficar olhando para o céu, enquanto ouve o canto dos pássaros. Em pouco tempo, o verde e o ar fresco vão melhorar seu estado de espírito.

Se não for fácil para você chegar a uma praia ou parque, existe uma alternativa: você pode ouvir uma gravação de sons da natureza. Essas gravações se destinam especificamente a ajudá-lo a relaxar. Eu não acreditava que funcionassem até experimentar uma fita com sons de uma praia. Como vivia perto do parque nacional, não precisava de uma gravação de pássaros cantando, pois eles estavam ao vivo do lado de fora. Realmente gostei do som das ondas batendo na areia e das gaivotas voando. Ouvi tudo isso enquanto minha casa estava sendo limpa e fiquei verdadeiramente relaxado. Na verdade, até minha empregada comentou o quanto aquele som era calmante, muito diferente das músicas de fundo que costumo ouvir.

5 – PLANEJE UMA ESCAPADA DE FIM DE SEMANA

Nós comparamos nossas adversidades ao lugar para onde estamos indo. Talvez você tenha perdido o foco, não no cenário mais amplo, mas em seus objetivos de curto prazo. Planeje algo agradável para daqui a quatro ou seis semanas e observe como seu humor começa a melhorar.

Cláudia, uma vitoriosa vendedora, será nossa testemunha do poder de descansos regulares. Ela me contou que, em toda véspera de ano-novo, enquanto seus amigos estão ocupados escrevendo ridículas resoluções para o ano que chega, ela passa o dia descansando e fazendo planos para que o ano seja excelente. Esses planos sempre incluem quatro fins de semana específicos dedicados a alguma viagem para descansar, além das férias anuais. Cláudia acha surpreendente observar como, todas as vezes que algo desagradável acontece no dia a dia do trabalho, ela se vê pensando no próximo fim de semana dedicado ao lazer. Essas "escapadas de fim de semana", como ela as chama, sempre recarregam suas baterias e lhe oferecem um tempo para reposicionar seu foco.

6 – LEIA MUITO

Já foi dito que conhecimento é poder. Experimente ler bastante e veja como esse clichê é verdadeiro. Bryce Courtenay, o famoso escritor australiano, afirmou que se quisermos que nossos filhos vençam na vida devemos nos esquecer do computador; computadores não são mais espertos do que as pessoas que os utilizam. Bryce sugere que os pais passem algum tempo lendo para seus filhos e que os façam ler sozinhos, garantindo, dessa maneira, que adquiram um excelente vocabulário e amplos conhecimentos gerais. Pessoalmente, não conheço nada mais prazeroso que viajar lendo um livro; é uma sensação indescritível. Na próxima vez em que viajar de avião, experimente e terá uma surpresa. E o tempo de voo parecerá ter encolhido!

7 – MEDITE

A meditação é uma ferramenta de relaxamento que deveria ser muito mais utilizada. Por algum motivo, muitos ainda acreditam que é preciso ser membro de alguma seita estranha para poder meditar. A meditação apenas acalma seu pensamento e o coloca em contato com suas ideias e sentimentos.

Como se medita? Uma forma de aprender é comprar um dos muitos livros que estão no mercado e que ensinam técnicas de meditação. Por exemplo, uma técnica bastante rápida é explicada no excelente livro de Shakti Gawain, *Visualização criativa*. É chamada de "Técnica da bolha cor-de-rosa" e é fácil de se usar, além de muito eficaz. Quando você estiver preocupado com alguma coisa e não souber como lidar com ela, feche os olhos e imagine uma enorme bolha cor-de-rosa acima de sua cabeça; no interior da bolha, está seu desafio ou preocupação. Lentamente, imagine a bolha se elevando e flutuando na direção do céu, com seu problema dentro, levando-o para longe de sua mente consciente para que o subconsciente possa solucioná-lo.

Já fiz uso dessa técnica centenas de vezes e descobri que é não apenas relaxante, mas renova as energias. Em vez de me preocupar com algo que possa estar fora de meu controle, como um amigo ou parente que esteja passando por momentos difíceis, emocional ou financeiramente, começo a trabalhar com aquilo que posso controlar. É ótimo: experimente também.

8 – ATUALIZE SUA CONTABILIDADE

Números e contas, em geral, não costumam ser o ponto forte das pessoas. Mas, se você dedicar algum tempo para organizar as finanças, vai se sentir mais apto a realizar tarefas difíceis. É claro que contabilidade não pode competir com meditação quando se trata de relaxamento, mas, quando você dedica, digamos, uma hora para colocar em dia as finanças, pelo menos sente que está realizando alguma coisa. E, sejamos sinceros, quando você está realmente angustiado, não deseja conversar com outras pessoas. Fazer a contabilidade é uma tarefa que você executa sozinho, no seu ritmo.

9 – JUNTE-SE A PESSOAS POSITIVAS

Experimente se misturar a pessoas positivas e veja como o seu humor melhora. Quando você não está se sentindo o dono do mundo, precisa de pessoas positivas a seu redor para ajudá-lo a retomar o rumo certo. A ironia mais cruel é que você atrai para perto de si o que quer que considere que mereça. Quando estamos deprimidos, podemos sentir que os vencedores ou as pessoas positivas são uma "ameaça". Esteja consciente disso. Eles não estão sendo exageradamente positivos, você é que pode estar se sentindo "por baixo". Isso é perigoso, pois, quando estamos tristes, em geral nos sentimos melhor com aqueles que se sentem da mesma forma.

10 – ACREDITE

Acredite em si mesmo e em seu potencial inato, e você sempre vai vencer as dificuldades. Quantas vezes, quando você era criança, suas grandes preocupações terminaram bem? Talvez fosse uma grande decisão, como quem você iria convidar para o baile da escola, uma decisão importante para um adolescente, ou talvez tenha sido uma discussão que você e seu irmão tiveram e que fez com que parassem de se falar durante algum tempo. Você pensou que jamais fizessem as pazes, mas fizeram, e hoje têm um excelente relacionamento.

Assim sendo, se alguma coisa não estiver bem no momento, seja no relacionamento ou no trabalho, fique firme. Não permita que sua imaginação lhe apresente as mais terríveis previsões. Reveja seus objetivos e mantenha o foco.

LEMBRE-SE: FOCALIZE ONDE VOCÊ DESEJA IR E NUNCA, JAMAIS, DESISTA

NÃO DESISTA

Já perdi a conta do número de pessoas que se aproximam de mim para me falar da enorme inspiração que conseguem todas as vezes que leem um poema chamado *Não desista*. E acredito totalmente nelas. Nos primeiros tempos, quando eu ainda estava lutando para criar minha empresa, esse poema nunca saía de meu lado. Na verdade, às vezes acho que ele foi a força que me manteve na estrada.

Espero que você o aprecie e que ele lhe dê tanta inspiração quanto deu a mim e a milhares de pessoas por todo o mundo

NÃO DESISTA

Quando algo vai mal, e isso acontece na vida,
quando a estrada a percorrer parece enorme subida,
quando o dinheiro é pouco e a dívida aumenta
e você quer sorrir, mas não pode, e se lamenta,
quando a ansiedade o faz autista,
descanse um pouco, mas não desista.
A vida corre estranha, ora embaixo, ora no alto,
como todos aprendemos a cada sobressalto,
e muitos daqueles que se deixam derrotar
seriam vencedores se aprendessem a lutar.
Não desista, mesmo andando sem nenhuma rapidez.
Talvez obtenha sucesso se apenas tentar outra vez.
O objetivo pode estar perto, mas distante
do homem sem coragem e hesitante;
há lutadores que desistem antes da luta
e nunca sabem se venceriam a disputa
e só quando é tarde e nada mais podem fazer
descobrem o quanto estavam perto de vencer.

O sucesso é o fracasso às avessas,
a cor escura de incertezas pregressas,
a certeza de estar próximo é algo incerto
pode parecer longe e, no entanto, estar perto.
Então, nunca desanime, nem com a dor mais imprevista,
e, nos piores momentos, diga a si mesmo: "Não desista!"

CAPÍTULO 9

PERDOE E CURE SUA VIDA

> Ninguém pode pertubá-lo, a não ser que você permita.
>
> **Paul Hanna**

NESTE CAPÍTULO
■ A pessoa com maior autoestima é a primeira a pedir perdão ■ Quando você pede desculpas, livra-se da raiva e abre caminho para a felicidade ■ Voltando a se relacionar após o divórcio ■ Desoprimindo-se e sentindo-se bem com os outros ■ O perdão e como ele cura tudo ■ Perdoando seus pais por serem humanos ■ Quando você culpa o outro, dá a ele poder sobre você

Lembra-se de alguma vez ter sido ferido por alguém próximo a você? Pode ter sido um amigo de longa data, seu parceiro ou parceira. Ou talvez um sócio em quem confiava.

Qualquer que tenha sido o incidente, quero que o esqueça por um tempo e, por enquanto, tente ser neutro em relação a ele. Não finja que não aconteceu: aconteceu, sim, e pronto. Quero dividir com você alguns poderosos exemplos do que acontece quando você assume plena responsabilidade por sua vida e sua felicidade.

Pedir perdão é difícil para a maioria das pessoas, mas o que acontece quando você se desculpa, mesmo achando que estava certo? Isso mesmo: você estava certo!

AMOR FRATERNAL? NÃO EXATAMENTE...

Recentemente, numa de minhas apresentações, Reg, um homem de quase 40 anos, reagiu com vigor à ideia de se desculpar, por achar que estava certo. Ele falou de seu relacionamento com o irmão, Mel, que era cinco anos mais novo, e descreveu o evento que o levou a parar de falar com ele havia muitos anos.

Cerca de seis anos atrás, Reg emprestou 10 mil dólares ao irmão para que ele pudesse começar um pequeno negócio. Mel, que estava cansado de ser empregado, queria tentar ser o próprio patrão, mas o que Reg desconhecia era que, como tantos outros, Mel não havia feito um estudo da viabilidade do negócio. Um ano depois, ele disse a Reg que estava lutando muito e que talvez demorasse mais do que o previsto para pagar a dívida e pediu a Reg que lhe desse um prazo maior. Reg logo sentiu que não veria de novo o dinheiro emprestado; cerca de seis meses depois, ele ouviu dizer que Mel estava falido. Até o dia em que Reg veio a meu seminário, o irmão não havia telefonado para se desculpar pela situação.

Quando perguntei a Reg se ele pedira desculpas ao irmão, vi em seu rosto uma expressão de surpresa. Ele disse: "Acho que você não estava prestando atenção, Paul" e começou a contar a história outra vez. Eu o interrompi; se o irmão de Reg tivesse autoestima suficiente, teria pedido desculpas primeiro. **A pessoa que tem a maior autoestima dá o primeiro passo para se desculpar.** Perguntei a Reg se aquele incidente havia causado algum problema de saúde ou tirado a alegria dele. Ele respondeu que não, apenas sentia saudades do irmão e da família dele e que seus filhos estavam sempre comentando como sentiam falta do tio Mel, da tia Jane e dos primos.

Reg decidiu que daria o primeiro passo para se desculpar com o irmão, mesmo sabendo que não fizera nada errado. Ele percebeu que o trauma de perder tudo o que possuíam, assim como o dinheiro que tomara emprestado, também fora difícil para Mel e sua família. Eles estavam no fundo do poço, financeira e emocionalmente.

Em outro seminário, Reg se aproximou para me contar como as coisas estavam melhores. Ele voltou a falar com o irmão, e os filhos de ambos estavam felizes por recuperar o relacionamento com os primos. Mas, acima de tudo, Reg disse que seu desempenho no trabalho estava inacreditavelmente melhor e que todos percebiam sua nova visão da vida.

TELEFONANDO PARA OS SOGROS

Simon, um vitorioso advogado, me procurou no fim de um seminário. Ele já havia participado de outro, nove meses antes, e queria me contar como sua vida mudara desde então, tudo por causa de um telefonema. Quando contei a história de Reg no primeiro seminário, Simon me disse que sentiu como se eu estivesse falando diretamente para ele.

Seu primeiro casamento terminara com desavenças e ele não via os dois filhos, agora adolescentes, há muito tempo. O relacionamento com a ex-mulher era totalmente frio e distante. Muitos anos se passaram e Simon se casou outra vez com alguém que, assim como sua primeira mulher, tinha a custódia dos filhos. Isso não era problema para Simon, mas ele sabia que havia decepcionado tanto a primeira mulher como os dois filhos; ele sempre fora muito próximo dos sogros, que também sofreram com a situação. Simon não falava com eles há anos.

Continuando o relato, ele me disse que teve problemas de saúde durante dois anos, sentia enorme falta dos filhos e nem podia imaginar a possibilidade de nunca mais vê-los. Sua segunda esposa o encorajou a voltar a falar com eles, pois se não o fizesse morreria de desgosto. A situação era realmente muito ruim.

Ele levou dois meses para reunir a coragem necessária para pegar o telefone, mas finalmente conseguiu. Numa sexta-feira à noite, ligou para os sogros e se desculpou por todo o sofrimento que causara. Disse a eles que sabia que o casamento é uma rua de duas mãos e que, como pai e marido, ele só causara desapontamentos a todos, inclusive a si mesmo. A reação dos sogros foi de enorme alegria; eles conversaram muito com Simon e o estimularam a procurar os meninos. Disseram ainda que a filha, ex-esposa de Simon, ultimamente vinha comentando que percebia que também era um pouco culpada pela separação. Simon me contou que sua vida mudou completamente. Não muito depois da conversa com os sogros, ele ligou para a ex-esposa e, juntos, concluíram que, não apenas pelos filhos, mas por eles mesmos, precisavam resolver as pendências emocionais. A ex-mulher de Simon fez com que seu segundo marido passasse o fim de semana fora, para que Simon, os sogros e os filhos pudessem estar juntos outra vez e começassem a refazer os laços que os uniam e que haviam sido tão prejudicados quando o divórcio aconteceu.

Simon disse que os acontecimentos que sucederam àquele primeiro seminário mudaram sua vida completamente: seu novo casamento estava maravilhoso, seu desempenho no trabalho ia de vento em popa, sua saúde melhorara a olhos vistos e a vida em geral parecia ótima. No trabalho, os colegas estavam impressionados por vê-lo tão centrado. Ele não só agia com mais calma, como parecia mais calmo e seus músculos faciais estavam mais relaxados. Simon também recebia cumprimentos dos colegas de trabalho. Alguns deles não conseguiam identificar o que havia mudado e diziam coisas do tipo: "Você está diferente" ou "Você esteve em férias?".

DESOPRIMINDO-SE E SENTINDO-SE BEM COM OS OUTROS

Você conhece o ditado que diz: "O tempo é o melhor remédio"? De certa maneira, é verdade, mas, por outro lado, o tempo pode ser mais destrutivo do que reparador.

Veja a história de Simon, por exemplo: ele passou quase cinco anos carregando uma dor que mais parecia uma ferida infeccionada. Embora fizesse curativos, a ferida estava ali e o fato de cobri-la não conseguiria curá-la.

Quantas pessoas você conhece que vivem um relacionamento abusivo? Elas podem não estar levando uma surra todas as noites, mas pode ser que um dos parceiros se sinta tão atormentado pela falta de amor do outro que acabe perdendo o respeito por si mesmo, descobrindo-se preso numa relação que não mais deseja manter. Esse relacionamento que oprime também pode ocorrer entre duas pessoas mais próximas, como Simon e a ex-mulher.

Para muitos, a única porta de saída de um relacionamento desse tipo é a morte; não estou falando de suicídio. Devido à opressão que sentem na vida, só resta um caminho: uma doença, que acaba sendo fatal.

Há muito tempo que os chineses acreditam que o câncer e a raiva estão intimamente relacionados, assim como as doenças cardíacas e o perdão. Louise Hay, em seu tocante livro *Você pode curar sua vida*, nos fala da correspondência entre diferentes doenças ou condições físicas e o estado mental. Quando lemos sobre essas ligações pela primeira vez, podemos ter a impressão de que ela está generalizando demais. Porém, sempre que sei que alguém está doente, faço as conexões do livro e na maioria dos casos percebo que estão certas.

Por exemplo, a asma está ligada ao excesso de amor, a ser sufocado e não poder "respirar" sozinho. Problemas de coluna estão ligados à falta de apoio emocional (parte alta), culpa (parte central) ou medo do dinheiro (parte baixa), ao passo que o excesso de peso está ligado ao desejo de proteção. Resfriados significam que muitas coisas estão acontecendo em sua vida, ao mesmo tempo; enxaquecas mostram aversão a ser comandado pelos outros, além de estarem ligadas a medos sexuais; problemas no pescoço se relacionam à transigência.

Eu poderia encher este livro de conexões entre o estado mental e o bem-estar físico, mas quis apenas dar alguns exemplos rápidos de como o pensamento molda a pessoa que você se torna.

Se você perguntasse a Reg e Simon quem se beneficiou mais pelo fato de terem dado o primeiro passo na direção do perdão, o que acha que responderiam?

Exatamente! Foram eles, é claro. Em todas as religiões, o perdão está presente. Por quê? Por causa de sua capacidade de curar. Pense na última vez em que você guardou rancor de uma pessoa próxima: um amigo, um parente, talvez um sócio. Quem acabou arranjando uma úlcera? Quem sofreu de insônia? Quem teve enxaquecas?

O perdão não se aplica somente ao outro indivíduo, mais do que tudo ele se aplica a você. Como já vimos, aquele que tem maior autoestima é o que pede desculpas primeiro. Quando você aumenta sua autoestima, consegue desculpar o outro porque cria em si mesmo um espaço para a felicidade; o ódio e a raiva foram expulsos de seu coração e agora há lugar para o amor e a alegria. Lembra-se de sua Conta Bancária de Autoestima? Você não pode sacar algo que não possui, por isso comece com você mesmo.

Se você acha que isso parece muito "paz e amor"... Bem, é mesmo! Se quiser criar espaço para a felicidade e a abundância em seu mundo, livre-se da raiva agora mesmo.

A CARTA DE PERDÃO

Você não teria lido este livro até aqui se não estivesse sério em seus propósitos. Então, mãos à obra! Faça uma lista das pessoas que você sente que, de alguma maneira, o feriram. Os acontecimentos não precisam ser recentes, pode ser um ex-amor que o abandonou, pode ser um colega de trabalho que se sentiu ameaçado por sua rápida ascensão na empresa e o colocou numa situação difícil.

Muito bem, agora que você fez a lista, vou lhe dizer que uma das maneiras mais rápidas de se livrar da dor que fere sua vida é escrever uma carta para a pessoa responsável por essa dor, mas sem enviá-la! Na verdade, assim que você sentir que a dor está curada, jogue a carta no lixo.

Olhe para sua lista e selecione o indivíduo que mais o magoou. Agora, da mesma maneira que escreveria uma carta para um amigo, comece a escrever o que quer que venha a sua mente. Não pense, apenas escreva. Lembre-se, ninguém vai ler o que você escreveu. Na carta, diga à pessoa, da maneira mais contundente, o quanto ela o machucou, ou como você se sentiu mal quando ela o abandonou, ou como se sentiu traído quando foi despedido.

Depois de ter feito isso, coloque a carta num lugar seguro e deixe-a ali por alguns dias. Então, releia o que escreveu e faça uma revisão até se sentir satisfeito com a maneira com que relatou o acontecido: foi assim que aconteceu, nem mais, nem menos. O motivo que o levou a escrever essa carta foi o desejo de se curar da dor, certo? Então, escreva uma carta de "cura" para a mesma pessoa, dizendo que o que aconteceu não pode ser mudado e que você sabe que ela agiu daquela forma para se proteger. Agora você sabe que a culpa, ou erro, não foi sua e compreende que aquela pessoa fez o que fez para preservar a própria autoestima, e não para destruir a sua.

Lembre-se: **essa carta não deve ser enviada para a pessoa, em nenhuma circunstância, ela é para você e sua recuperação.**

COM RAIVA DO PAI POR TER SIDO ABANDONADA

Cathy, executiva de marketing de uma grande empresa, se aproximou de mim num de meus seminários em Brisbane. Ela já me ouvira numa conferência no início do ano e considerou a ideia da "carta de perdão" um tanto sentimental. Por que escrever uma carta se a outra pessoa nunca iria saber? Mas, como já havia feito incontáveis tentativas de superar um incidente do passado, resolveu dar uma chance à carta. Afinal, o que teria a perder?

O incidente em questão tinha a ver com o pai de Cathy. Quando ela e seus irmãos tinham 12, 11 e 9 anos, ele saiu de casa. "Nós pensamos que tínhamos feito alguma coisa para levá-lo a nos abandonar; isso aconteceu no Natal, após uma grande briga entre meus pais. Quando crianças, achamos que o alto custo de nossos presentes fora a causa da briga, pois meus pais estavam sempre brigando por causa de dinheiro. Agora que sou casada, sei que a saída de meu pai não teve nada a ver conosco, os filhos, e nem com dinheiro: tinha a ver com autoestima."

Cathy prosseguiu: "Quanto mais ouvia a fita que você distribuiu no fim do seminário, mais pena sentia de meu pai e desejei que ele pudesse ter tido livros de autoajuda e fitas como a sua, como temos hoje, para ajudá-lo a se organizar mentalmente. Escrevi uma carta para ele (aquela que não é enviada) e fiquei maravilhada com a emoção que senti enquanto ia escrevendo. Senti um gigantesco pesar por mim mesma, que se transformou em perdão por meu pai, porque ele fez o melhor que pôde com as limitadas habilidades que possuía, sendo filho de um homem simples, que trabalhava numa mina nos anos 50.

Hoje, papai mora no Território do Norte. Não o via há quase quatro anos, mas há um mês eu o visitei em Darwin. Ele comentou que eu parecia tranquila e, não mais que de repente, começou a se desculpar pelo que acontecera há tantos anos."

Mera coincidência? Acho que não. Até hoje Cathy não mostrou a carta ao pai. Ela a relê sempre que percebe que está sentindo pena de si mesma ou quando começa a culpar as atitudes do pai no passado por alguma coisa. "É uma daquelas situações que você precisa experimentar por si mesmo: pegue uma caneta e uma folha de papel e veja o poder que tudo isso tem."

EXIGINDO DE VOLTA SEU PODER

Quando você culpa alguém ou algo, entrega seu poder para essa pessoa ou acontecimento. Carregar o fardo do ressentimento é pior que passar o dia carregando um enorme saco de batatas. Lentamente, dia após dia, você vai se cansando até desabar de exaustão, tudo por causa de um acontecimento que você acredita que não tinha nada a ver com você.

Assuma a responsabilidade por qualquer incidente que o esteja desgastando e você vai encontrar a solução. Coloque a culpa nos outros e você passa a ser a vítima.

Capítulo 10

O PROFESSOR CHEGA QUANDO O ALUNO ESTÁ PRONTO

> Sei que Deus não me dará nada com que eu não possa lidar. Só gostaria que Ele não confiasse tanto em mim.
>
> **Madre Teresa**

NESTE CAPÍTULO

■ Você atrai as pessoas e os acontecimentos para aprender com eles ■ Você trata o mundo de acordo com os seus sentimentos ■ Você só pode ficar zangado consigo mesmo ■ Cada pessoa com quem você se relaciona reflete uma parte de você ■ O professor está sempre retornando até que a lição seja aprendida ■ Você não pode mudar o outro – ele é o seu professor ■ O "exercício" do professor

Entre todo o material que apresento em minhas palestras, o conteúdo deste capítulo – que eu chamo "O professor" – é o que sempre causa maior impacto.

A ideia básica de "O professor" é parte de muitas religiões orientais: "o professor chega quando o aluno está pronto". Colocado de maneira simples, isso significa que nós atraímos para nossa vida pessoas, eventos e experiências a fim de que nos ensinem alguma coisa. Quando estamos prontos para aprender, o universo faz chegar até nós o "professor".

A vida é nosso professor: é a maior universidade que existe. Mas pode ser o mais severo dos mestres, e eu sei disso, por experiência própria. No meu caso, saber que a vida é meu professor e que eu atraio professores para me ensinar diferentes lições foi um aprendizado poderoso. Não me sinto mais uma vítima dos acontecimentos e das pessoas que me rodeiam porque sei que estou na cadeira do piloto de minha vida.

Para entender esse princípio, é preciso aceitar que o mundo é um reflexo de nós mesmos e que nós sempre enxergamos e vivenciamos o mundo baseados em como nos sentimos em determinado momento. Dê mais uma olhada em *O homem do espelho*, no capítulo 2, para se lembrar da mensagem que ele nos traz.

O MUNDO REFLETE VOCÊ E SEUS SENTIMENTOS

Para colocar essa poderosa informação em perspectiva, finja que de agora em diante cada pessoa que você encontrar e cada incidente que ocorrer são reflexos de algo dentro de você. Quando você assimilar totalmente esse conceito, ele vai levá-lo a um nível mais alto de entendimento, não apenas das pessoas a seu redor, como também de si mesmo. Por quê? Porque você vai começar a tratar o mundo e as pessoas de acordo com a maneira como se sente.

Vamos fazer um cartaz iluminado com os dizeres:

VOCÊ ESTÁ TRATANDO O MUNDO DE ACORDO COM O QUE ESTÁ SENTINDO

Quando você se sente fantasticamente bem, trata o mundo e as pessoas muito bem. Quando se sente péssimo, trata o mundo e as pessoas pessimamente.

Por exemplo, utilizando esse princípio, você só pode ficar zangado consigo mesmo, e não com algum fator externo. Se você aceitou que o mundo é seu espelho, é lógico aceitar que, quando você se zanga com uma pessoa ou com alguma coisa, está, na verdade, zangado com parte de si mesmo.

UMA ÁRVORE RÍGIDA SEMPRE SE QUEBRA

Há um antigo ditado oriental que diz: "Somente as árvores que não se vergam sofrerão quando o vento forte chegar." Em outras palavras, quando você é muito intransigente em qualquer situação, torna-se enrijecido e perde a capacidade de ser flexível.

Veja a minha postura em relação à pontualidade: o mundo dos negócios adora a minha atitude, recompensa-me e me respeita por ela. Ser pontual não é apenas uma boa prática nos negócios, é também uma demonstração de cortesia. Entretanto, quando isso chega a um nível obsessivo, deixa de ser saudável, pois uma ênfase exagerada nessa atitude pode levar ao estresse. No passado, quando eu era rígido quanto ao tempo, sempre atraía um "professor" que dizia: "calma" ou então "relaxe".

AQUELE QUE ME ESCAPOU

O meu mais recente "professor" chegou enquanto eu estava escrevendo este livro. Eu havia acabado de fazer um evento, durante o café da manhã, para uma equipe de administradores num encontro e tudo saíra muito bem. O diretor geral ficou bastante satisfeito com os resultados e combinamos que eu mostraria meu material também para o restante da equipe: eu estava fazendo o maior sucesso.

Logo após o café da manhã, eu deveria me encontrar com uma pessoa a quem um cliente de longa data havia indicado meus serviços. Devido ao sucesso do seminário que eu acabara de realizar, atrasei-me para o encontro; liguei de meu carro para avisar o novo cliente, cujo nome era James, que eu já estava a caminho e para pedir que me desculpasse (é claro que essa era a atitude mais natural nessa situação). Cheguei quinze minutos atrasado e corri para a sala dele.

Quando cheguei, James estava conversando com um de seus funcionários; ao me ver na sala de espera, ele veio a meu encontro e me disse que precisava atender um telefonema porque estávamos no fim do mês, um período mais complicado, e me perguntou se eu me importaria de esperar cinco minutos. Eu disse: "É claro que não. Fique à vontade." Cinco minutos se transformaram em dez, em vinte, em trinta: eu já estava furioso. Como ele tinha a coragem de me deixar esperando? Eu estava interpretando aquele comportamento como descortesia. Levantei-me furioso com a demora, mas não deixei transparecer. Fui até a sala dele e disse: "Com licença, James, acho melhor eu voltar num outro dia." Ele se desculpou e disse que as contas tinham de vir em primeiro lugar. Engoli a raiva e falei: "Bem, o mínimo que você poderia ter feito era me avisar da demora." Nesse momento, ele ficou uma fera e respondeu: "Se você não pode esperar, então vá embora." E acrescentou: "Pensando bem, vamos esquecer tudo isso."

Saí dali completamente confuso: como ele podia me deixar esperando tanto tempo e ainda colocar a culpa em mim? É inacreditável o que dez minutos dirigindo podem fazer: consegui me acalmar e decidi telefonar para James e me desculpar. Quando liguei, ele me disse que o diretor geral estava ao telefone com ele naquele momento, atormentando-o por causa das contas do fim do mês; era um momento de grande pressão e ele achava que eu deveria ter sido mais compreensivo.

E ele estava certo: eu me irritei. E sabe por quê? Zonas de conforto. Minha autoconversação enlouqueceu e começou a me dizer coisas como: "Que ousadia" e "Por que ele não vem aqui se explicar?"

O ponto fundamental é que ninguém pode aborrecê-lo, a não ser que você permita. O negócio perdido foi uma das melhores lições que aprendi na vida. Enxerguei, da maneira mais dolorosa, que pensamos estar zangados com os outros, mas na verdade o foco de nossa raiva somos nós mesmos.

Esse fato foi uma lição para mim? Pode apostar que sim. Dois meses depois, vi-me numa situação semelhante à que passei com James e que poderia ter terminado da mesma maneira negativa. Mas o que acontecera antes voltou a minha mente; desta vez eu sabia como reagir: estava bastante claro. Quando o cliente que eu estava visitando se atrasou quarenta e cinco minutos, tirei um livro de minha pasta e me esqueci do tempo enquanto lia. Quando o cliente veio, finalmente, falar comigo, eu estava relaxado e ele me pediu desculpas por me fazer esperar tanto. Adivinhe o que aconteceu: fechamos o negócio.

NÓS ATRAÍMOS AS PESSOAS COM AS QUAIS PRECISAMOS APRENDER

Você já se perguntou por que, entre milhões de pessoas em seu país, você conheceu aquela que se tornaria seu parceiro ou parceira e por que vocês decidiram ficar juntos? Um dos problemas mais difíceis que muitas pessoas enfrentam na vida é a realidade de que o relacionamento que pensavam que seria eterno está agora titubeante e parece não levar a lugar nenhum. Os dias tristes começam a ser mais numerosos que os dias de felicidade e o casal começa a questionar se o casamento vale a pena.

Voltemos ao livro de Sun Tzu, *A arte da guerra*, que citei no capítulo 4: quando você não deixa uma rota de fuga em seu relacionamento, você o faz dar certo, apesar dos problemas. Você assistiu ao filme *Quando um homem ama uma mulher*, com Meg Ryan e Andy Garcia? É sobre uma mulher alcoólatra e seu marido bem-sucedido que tolera a situação. O filme nos mostra como a mulher reconhece que tem um problema e se interna numa clínica de reabilitação na esperança de se recuperar. Mas o que marido e mulher aprendem é que o marido é uma parte tão importante do problema quanto ela: ele precisa que ela fique constantemente bêbada para que possa "salvá-la" e assim se manter no papel do poderoso na relação.

O que aconteceria se ela não precisasse beber para se sentir feliz? O que aconteceria ao relacionamento se ela aumentasse o nível de autoestima? Ele descobre que, como todos nós, também atraíra para sua vida uma pessoa que lhe ensinasse uma lição. E aprendeu que precisava que a mulher continuasse naquela situação para que ele pudesse sentir que tinha o controle.

O filme faz uma pergunta brilhante: quem precisa de ajuda, a alcoólatra ou o companheiro? Ou ambos? No fim, a esposa assume a responsabilidade pela própria vida e pelo de fato de que, para sobreviver, o relacionamento teria de ser baseado em papéis iguais para ambos, e não em posturas de "vítima" e "salvador".

O mundo está repleto de ditados que avisam que não devemos julgar os outros. "Quem não pecou que atire a primeira pedra", "Não julgues teu próximo se não quiseres ser julgado." O que aconteceria se você parasse de tentar mudar todo mundo e começasse a se fazer perguntas como: "O que será que posso aprender com essa pessoa ou acontecimento?"

ATRAÍMOS PARA NOSSA VIDA AS PESSOAS E AS COISAS QUE NÓS SENTIMOS QUE MERECEMOS

Numa sessão de aconselhamento, eu estava discutindo um assunto de negócios com um cliente chamado Carl. De repente, ele mudou de assunto e perguntou o que eu achava do fato de ele ter se casado três vezes e de estar pensando em se casar pela quarta vez. Respondi que o assunto não era da minha conta e lhe desejei felicidades.

Carl insistiu e perguntou: "Se você tivesse um conselho para me dar sobre meu próximo casamento, o que seria?" Disse que ele deveria entender que estava atraindo para a própria vida pessoas e eventos que refletiam a autoestima dele; quando ele se decidisse a melhorar a autoestima, atrairia pessoas diferentes.

Perguntei a ele se queria realmente fazer o casamento dar certo, uma pergunta aparentemente ridícula. Carl respondeu: "É claro que quero!" Disse-lhe então que, se ele não quisesse partir para o casamento número 5, precisava aceitar que a companheira dele era para sempre e que nos momentos mais difíceis, quando tudo parecesse sem esperanças, precisaria lembrar que nós atraímos para nossa vida as pessoas que julgamos merecer; ele estava com aquela noiva porque ela poderia lhe ensinar as lições que ele mais precisava aprender.

Depois de conversarmos sobre os outros casamentos de Carl, ele concordou que todos haviam terminado devido à falta de vontade de ele gastar seu tão suado dinheiro. Sua lição era entender que precisava se desapegar um pouco da conta bancária, mas, em vez de aceitar isso, ele perdeu três esposas. A ironia da história, disse Carl, é que agora ele gastava rios de dinheiro com as pensões devidas às ex-companheiras.

Após nossa conversa, Carl ficou surpreso pelo fato de que algo capaz de causar tanto impacto em sua vida estivesse diante de seus olhos e, ainda assim, ele não tivesse visto. Ele percebeu que suas crenças sobre si mesmo o estavam impedindo de conseguir manter um bom relacionamento.

Carl não é diferente de ninguém: todos nós temos crenças que vamos amealhando pela estrada da vida, e são essas crenças que, muitas vezes, atravancam nossa felicidade e sucesso.

VOCÊ ESCOLHE TRABALHAR ONDE TRABALHA

Sua autoestima governa o que você atrai na vida: agora você já sabe disso. Mas e seu local de trabalho e as pessoas com quem convive ali? Poderia sua autoestima limitá-lo no trabalho? É claro que sim.

Todos nós decidimos onde queremos trabalhar. Se as coisas não estão bem, temos duas escolhas: resolvemos ficar e aguentar os problemas ou decidimos ir embora. Mas algo surpreendente acontece quando aumentamos nossa autoestima: nós começamos a gostar mais do trabalho, começamos a gostar mais da companhia dos colegas e, acima de tudo, começamos a nos dar bem com todos.

O PROFESSOR ESTÁ SEMPRE RETORNANDO ATÉ QUE A LIÇÃO SEJA APRENDIDA

Em algum momento, todos nós precisamos seguir em frente. Na verdade, ficar no mesmo emprego durante muito tempo pode significar que você exauriu todos os seus objetivos na vida. Mas o que acontece quando as coisas não vão bem e você sente um enorme desejo de mudar para algo melhor? Ouvi uma vez o seguinte ditado: "Se a grama parece mais verde do outro lado, molhe mais seu gramado."

Ben, executivo sênior de uma empresa de informática, contou-me que viu esse princípio ser demonstrado na vida dele. Ele havia deixado o emprego anterior devido a um problema com sua prestação de contas de despesas. Quando o conheci, ele estava no novo emprego há apenas seis meses e o mesmo problema aparecera outra vez.

Em seu antigo emprego, Ben viajava com frequência e sempre debitava as despesas na conta da empresa, por isso o administrador financeiro vivia atrás de Ben para que ele apresentasse os recibos das despesas feitas. A política da empresa para todos, inclusive o diretor, era que deveriam incluir os recibos nos pedidos de reembolso ou o pagamento não seria feito. Ben disse que nunca apresentava os recibos, até o dia em que o administrador financeiro lhe enviou um memorando bem sucinto, ressaltando as normas da empresa. Em outras palavras, ele recebeu um aviso para mudar de atitude. Ben mal pôde acreditar; a empresa não tinha o direito de duvidar dele.

Ben acabou deixando o emprego porque não tolerava mais a burocracia da empresa. E o que logo surgiu em seu novo emprego? Já adivinhou? Recibos de despesas. O contador explicou que não era uma questão de desconfiança, mas de política da empresa e que, se ele não estivesse de acordo, poderia ir embora. E ponto final.

Embora o sistema fosse um incômodo, Ben acabou compreendendo que precisava aceitar que aquela era uma prática mundial das empresas e que, se ele continuasse a largar empregos devido a problemas de prestação de contas de despesas, acabaria ficando com a fama de alguém que desperdiça um dinheiro que não lhe pertence. Isso não era verdade, mas o que você pensaria se soubesse que uma pessoa largou duas empresas por causa desse problema? A primeira coisa que lhe viria à cabeça seria fraude. Um miligrama de imagem vale uma tonelada de desempenho!

O CONTRATO PERDIDO: ELE PEDIU ISSO!

Um dos exemplos mais marcantes de como seu pensamento afeta as pessoas que o rodeiam é a história que testemunhei há cerca de dois anos. Justin, um amigo bem próximo, com quem já realizei vários trabalhos, havia me confiado que estava prestes a assinar um lucrativo contrato com uma companhia mineradora. Após discutirmos quanto tempo e esforço foram investidos para conseguir a conta, perguntei com quem ele trabalharia na empresa (sempre faço essa pergunta porque ela realmente define quanto sucesso você terá em determinado ambiente).

Justin respondeu que o sujeito com quem ele iria trabalhar a maior parte do tempo não era uma pessoa muito corajosa e ele nem sabia como o tal sujeito chegara tão longe na mineração. Esse comentário me deixou estupefato! Todos nós projetamos uma "aura" que pode influir de maneira marcante na maneira como as pessoas nos enxergam. Eu quis dizer a Justin que ele estava a caminho do fracasso com aquela atitude, mas, como frequentemente acontece quando se tenta dar um conselho a um amigo, sabia que ele não ia gostar muito do que eu iria dizer. Então, fui um pouco mais cuidadoso e disse que, se ele quisesse fazer o contrato dar certo, deveria começar a pensar mais positivamente sobre o cliente dele ou tudo iria por água abaixo (lembra-se dos cones no exemplo da aula de direção no capítulo 4? Nós nos movemos na direção daquilo para que estamos olhando).

Seis meses depois, encontrei Justin num jantar beneficente. Em determinado momento de nossa conversa, perguntei a ele como estava se saindo naquela empreitada. Ele adotou uma postura um pouco defensiva e disse: "Vou bem." Pude ver de imediato que fora um fracasso. Depois de meia hora de desculpas para justificar o insucesso, ele admitiu que uma das razões mais importantes fora que seu relacionamento com o contato na organização, o sujeito que ele dissera não ser corajoso, havia se deteriorado a tal ponto que ligações telefônicas não eram mais retornadas e tudo se tornou realmente difícil. No final, embora a empresa honrasse os acordos já estabelecidos, passou a não renovar os contratos, um sinal inegável de que algo estava errado.

Justin se deu conta de que naquele momento, mais que em qualquer outro em sua carreira, estava perdendo vários clientes, não pelo trabalho que realizava, mas por causa das opiniões que tinha das pessoas durante as negociações e depois do fechamento do contrato.

Mais tarde, ele comentou comigo que passou a refletir sobre quantos clientes estava perdendo devido a sua atitude e estava disposto a aceitar a responsabilidade. Ele sabia que se não o fizesse o "professor", isto é, seus clientes, que recebiam vibrações de que ele desejava apenas o dinheiro e não tinha um bom conceito pessoal de cada um deles, continuaria a lhe fazer visitas até que ele aprendesse a lição.

Se seu ambiente de trabalho não está bom no momento, olhe bem de perto para sua autoestima. Como você se sente quanto a si mesmo? O mundo está apenas refletindo o que você pensa no momento.

Se existe uma pessoa no trabalho que você considera realmente insuportável, determine quais são as características que o incomodam: você vai descobrir que é exatamente aquilo que enxerga em si mesmo. Se não fosse assim, nada iria incomodá-lo, pois você nem prestaria atenção e jamais iria se perturbar. É por isso que, quando ouço alguém dizer: "aquele sujeito me dá nojo" ou "a presença dele me incomoda", em geral pergunto: "O que você mais detesta nele?" Após terminar a lista de defeitos insuportáveis do colega, pergunto se essa pessoa não tem nada para aprender com aquele professor, ou seja, o sujeito detestável. Depois de alguma hesitação, as pessoas acabam identificando o que podem aprender e em que pontos devem assumir mais responsabilidade pelas situações.

Quando você culpa o outro, entrega a ele seu poder pessoal. Quando assume a responsabilidade pelo estado de sua vida, você se torna poderoso.

> AS PESSOAS QUE VOCÊ MAIS DESEJA MUDAR TÊM A MAIOR LIÇÃO PARA LHE ENSINAR

QUEM É SEU PROFESSOR?

No meu caso, descobri que uma das lições mais marcantes que aprendi estava bem diante de meus olhos, mas precisei da perspectiva do outro para conseguir enxergá-la.

Eu estava numa festa com alguns amigos e estávamos nos divertindo, mas o anfitrião parecia estar sempre preocupado com a comida ou trocando o CD e nunca falava conosco. Insisti para que ele relaxasse um pouco, pois, embora a comida fosse de grande importância, nós, os convidados, éramos ainda mais importantes. No caminho de volta para casa, fui reclamando com uma amiga sobre o fato de termos sido negligenciados pelo dono da casa. Ela respondeu imediatamente: "Você faz isso algumas vezes!"

"O que quer dizer?", indaguei.

E ela me acusou: "Você faz a mesma coisa."

"O quê? Ficar me metendo na cozinha enquanto os convidados estão na sala conversando? Eu nunca fiz isso."

"Não", respondeu ela. "Você não faz isso em sua casa, mas às vezes age assim em seus seminários."

"Como?", perguntei.

"Quando você está ocupado arrumando a sala onde fará o seminário e esquece que as pessoas do lado de fora estão esperando ansiosas e gostariam de bater um bom papo antes de você começar. Esse é seu professor, Paul."

Bang! Bem no meio de meus olhos!

Como você pode descobrir quem é seu professor? Faça uma lista das cinco pessoas que mais gostaria de mudar e defina quais são as características que mais o irritam. Depois, reflita sobre o que você escreveu e veja se o defeito, na verdade, não está em você, e não nelas.

Talvez seja melhor fazer isso ao lado de um bom amigo ou parceiro, pois eles podem ajudá-lo a compreender pontos que lhe pareçam um pouco confusos ou que você não queira admitir para si mesmo. Mas devo alertá-lo: você pode descobrir algumas coisas incômodas a seu respeito. Por outro lado, se optar por fazer a lista ao lado de um amigo ou parceiro, ele deve estar ali com o objetivo de ajudá-lo com sinceridade.

É meio louco quando você pensa nisto: os seres humanos viajam pela vida desejando, basicamente, ser felizes. Desejam ter o menor número possível de problemas e poder tirar da vida o máximo de alegrias, por isso estão sempre à procura de maneiras que lhes permitam alcançar esses objetivos. Mas, como você acabou de ver, a resposta pode não estar muito longe, e, sim, bem diante dos olhos.

CAPÍTULO 11

LIDANDO COM PESSOAS NEGATIVAS

> Quanto mais uma pessoa lhe diz como ela é maravilhosa, menos ela acredita nisso.
>
> **Paul Hanna**

NESTE CAPÍTULO

- Pessoas negativas e a autoestima ▪ Como as pessoas negativas gritam por socorro ▪ Como uma pessoa presunçosa pode ter baixa autoestima ▪ Altitudes baixas e pessoas negativas ▪ Por que as pessoas negativas precisam de mais críticas positivas

Sei que muitas pessoas vêm a meus seminários pensando: "Lá vamos nós outra vez; mais uma palestra de motivação."

Saber disso só desperta meu desejo de me sair cada vez melhor. Quanto mais percebo pessoas agindo de maneira defensiva na plateia, mais eu me animo a trabalhar para convencê-las de que elas têm muito mais para dar. Quando falo sobre alcançar outras coisas na vida, essas pessoas costumam responder: "Estou feliz com o que tenho, obrigado, não preciso melhorar." Quando ouço um comentário como esse, sei que elas realmente desejam continuar a me ouvir.

Se você está sentado pensando: "Esse cara está é louco", deixe-me explicar. Como já disse anteriormente, todos os vendedores, em todo o mundo, sabem que a seguinte citação é verdade: "Uma objeção é um pedido de mais informações." Ou seja, clientes, como você e eu, costumam fazer alguns comentários negativos para um vendedor antes de entrar no estado de espírito de comprar. Aqueles que treinam os vendedores sabem que a maioria dos compradores faz até oito objeções antes de começar a dizer sim. Oito objeções: isso mesmo, você leu certo.

Os vendedores de sucesso sabem que, se insistirem e fizerem perguntas, acabarão identificando a informação que o cliente gostaria de ter sobre um produto. Muitas vezes, o cliente tem apenas uma lista de exigências e, se cada uma delas não for satisfeita, ele não fará a compra. O papel do vendedor, é claro, é convencer o cliente de que o produto vale a pena e não vai decepcioná-lo. Depois de algum tempo, quando todas as objeções do cliente tiverem sido respondidas, é hora de fechar a venda; se o cliente responder com um "vou pensar", o vendedor saberá que ele ainda tem algumas perguntas a fazer.

AS PESSOAS NEGATIVAS ESTÃO GRITANDO POR SOCORRO

Por que estou lhe dizendo todas essas coisas sobre clientes num capítulo sobre pessoas negativas? Porque lidar com pessoas negativas em sua vida é o mesmo que fazer uma venda. Você tem uma ideia ou serviço que precisa vender para ganhar dinheiro e pagar a hipoteca, comprar comida ou viver da maneira que mais lhe agradar. Convencer pessoas negativas é a mesma coisa. Você precisa começar com o objetivo de que pode convencê-las a se tornarem positivas e saber que as pessoas negativas simplesmente não têm muita confiança em si mesmas. Esqueça todas as bravatas e palavras fortes que elas utilizam: o ponto principal é que, no fundo, elas estão com medo e a maneira de evitar que os outros se aproximem demais é serem negativas, fazendo com que todos mantenham distância.

Outro tipo de indivíduo que precisa de sua ajuda é o presunçoso. Existe um ditado que diz: "Quanto mais tentamos, mais dúvidas insinuamos." Isso quer dizer que a pessoa em seu escritório que está constantemente dizendo a todos o quanto ela é maravilhosa, na verdade não está convencida disso. O que ela está fazendo é pedir ao mundo que lhe assegure que está bem. É fácil nos afastarmos de pessoas assim e dizer: "Ela tem o ego mais gigantesco do mundo. Jamais vou lhe dizer que fez algo muito benfeito hoje à tarde; se eu disser, ela vai se achar o máximo." Não poderíamos estar mais errados! Essas pessoas não possuem uma crença profunda e verdadeira na própria capacidade e estão pedindo uma reafirmação porque, quando olham para si mesmas, sabem que sua Conta Bancária de Autoestima está muito baixa.

AJUDE-AS A AUMENTAREM A AUTOESTIMA

A melhor maneira que conheço de evitar que uma pessoa seja negativa a seu lado é fazê-la começar a pensar num sucesso recente e reafirmá-lo. Quando agir assim, pense no saldo de Conta Bancária de Autoestima dessa pessoa e pergunte a si mesmo o que poderia fazer para ajudá-la a se sentir melhor consigo mesma. Quando ela começar a se sentir mais confiante, a negatividade começará a se dissipar e isso tornará a vida muito mais fácil.

Seja numa pequena palestra de uma hora ou numa apresentação que tome um dia inteiro, eu sempre observo que as pessoas de maior sucesso na sala são bastante seguras de si mesmas. Elas sabem que estão bem. Elas fazem um enorme contraste com as pessoas que não têm confiança. Estas últimas são extremamente nervosas e isso fica claro em sua linguagem corporal: braços cruzados, falta de contato visual, etc. O que em geral acontece durante os seminários é que as pessoas seguras tentam contribuir com os trabalhos e fazem o que podem para que o dia seja um sucesso. Se eu lanço um assunto, elas logo tentam me dar um estímulo para que eu me saia bem.

E o que as pessoas negativas tentam fazer? Acredito que você já tenha adivinhado: elas traem a própria falta de confiança tentando jogar todos para baixo, para sua própria altitude. Mas, à medida que o seminário prossegue e elas começam a apreciar o conteúdo e, acima de tudo, começam a se sentir seguras comigo, observo uma mudança em sua maneira de sentar. Os braços ficam descruzados, o olhar é atento e elas começam a sorrir: é um sentimento maravilhoso tanto para o participante quanto para mim.

Em incontáveis ocasiões, pessoas se aproximaram de mim e disseram que não estavam com vontade de ir ao seminário. Só foram por obrigação: o chefe ordenou. Mas que alegria eu sinto quando elas me dizem que gostaram da sessão e começam a descrever as partes que mais apreciaram!

Observe seu local de trabalho. Todos ali estão lidando com mudanças nas práticas de trabalho, mas, como você, eles provavelmente também estão vivendo mudanças na vida pessoal, como um divórcio, a doença de um amigo íntimo ou de um parente, a morte de um ser amado ou, como é cada vez mais comum, problemas financeiros. Crises pessoais como essas podem transparecer no trabalho através de comportamentos arrogantes, negativos ou mesquinhos. Quanta empatia você demonstra e o quanto você é tolerante com essas pessoas normalmente depende de como você está lidando com seus desafios.

SERVINDO DE EXEMPLO

Por algum motivo, nós temos uma tendência a associar a palavra "liderança" com a liderança de uma empresa. Mas e a liderança entre colegas no trabalho? Ou entre irmãos em casa?

Tess, que veio me procurar após uma curta palestra em Fiji, é um bom exemplo. Ela estava se saindo muito bem no trabalho e estava animada por ter recebido um prêmio de incentivo, que era participar do seminário em Fiji. Tess disse que a área de minha apresentação que ela considerou mais útil foi a parte que falava na convivência com colegas de trabalho que eram negativos. Ela me contou que, embora se desse bem com todos no escritório, sentia-se irritada com uma colega que vivia se gabando disso e daquilo.

"Mesmo que todos tentem ignorar as bravatas, alguém sempre chega ao limite e acaba mostrando a ela a própria insignificância. Entretanto, seu conceito 'quanto mais tentamos, mais dúvidas insinuamos' realmente se aplica à situação. Agora percebo que ela está tentando chamar nossa atenção para seu trabalho e ter certeza de que achamos que ela está bem, que é parte da equipe, etc."

"Fico analisando seu exemplo da Conta Bancária de Autoestima e ligando-o a ela. Acho que essa colega precisa mesmo de nossa ajuda para se sentir parte do grupo."

Um mês depois, Tess me telefonou para dizer que levantar o ânimo daquela moça e ajudá-la a depositar alguns trocados em sua Conta Bancária de Autoestima realmente rendeu lucros. A colega estava agora mais centrada, confiante e mais relaxada no trabalho. O interessante, segundo Tess, foi que "o grupo poderia ter agido assim há muito mais tempo, se tivesse visto nela um espelho. Em outras palavras, nós pensamos que ela era quem tinha um problema, mas, de certa maneira, o problema era de todo o departamento."

Tess prosseguiu: "Nós não estávamos nos enaltecendo o bastante pelo trabalho realizado e, em vez de elogiar somente a colega com baixa autoestima, nos comprometemos a avaliar um ao outro sempre que possível. Esperamos que a autoestima coletiva aumente e que nossa produtividade seja impulsionada para o alto."

É muito fácil constatar como você poderia traduzir essa ideia para sua situação familiar, caso haja um cônjuge ou filho que precise de ajuda para elevar a autoestima.

Capítulo 12

AUMENTANDO O PODER OU COMO MOTIVAR OS OUTROS

> Dê um peixe a uma pessoa e você lhe dará alimento por um dia. Ensine-a a pescar e você lhe dará alimento por toda a vida.
>
> **Antigo ditado oriental**

NESTE CAPÍTULO
▪ Quando você dá respostas, tira o poder do outro ▪ Fazer perguntas estimula o foco ▪ Como tornar as pessoas independentes, em vez de dependentes de você ▪ Como evitar que seus filhos e equipe façam perguntas tolas ▪ Objetivos, e não presentes, motivam as crianças

No verão passado, um de meus clientes me telefonou. "Você dá consultas para crianças?", gritou Don do outro lado da linha. "Quero que converse com meu filho."

Aquela foi a primeira vez: já realizei seminários para adolescentes e já falei para funcionários de grandes empresas, mas nunca havia orientado uma criança. Don era um de meus clientes mais importantes e ficara sensibilizado com o sucesso que obtive com sua equipe de trabalho; ele queria que o filho também recebesse orientação para alcançar objetivos. Foi assim que ele o descreveu: "Christopher é um perdedor. Dei tudo a ele: escola particular, automóveis, viagens ao exterior... e estou farto de tudo isso. Já está na hora de meu filho começar a ganhar a vida por si mesmo." E quantos anos tinha o filho de Don? Vinte e oito!

Eu disse que levaria Christopher para almoçar e veria o que estava acontecendo. Dois encontros mais tarde, liguei para Don e disse: "Posso ir até aí para conversar com você?"

"Qual é o problema?", perguntou ele com rispidez.

"Bem", respondi, "seu filho tem um enorme potencial, mas existem algumas coisas que o estão atrapalhando."

"Como o que, por exemplo?", perguntou Don.

"Como você", respondi.

Ele não gostou nem um pouco da resposta. "O que você está querendo dizer?"

"Bem, todas as vezes que ele cai, você está lá para segurá-lo. Ele não se acha capaz de fazer nada sem você. Deixe-o de lado um pouco. Pare de querer fazer com que ele seja igual a você. Deixe que seja ele mesmo." Expliquei a Don que quando facilitamos para o outro a saída de um problema tiramos dele um pouco de seu poder.

FAÇA PERGUNTAS, NÃO DÊ RESPOSTAS

Durante um seminário que fiz para uma grande empresa farmacêutica, uma das executivas contou que havia trabalhado como consultora para a Lifeline, uma empresa destinada a receber ligações de emergência e encaminhá-las a médicos e hospitais. Ali, os funcionários eram treinados para nunca dar respostas ao telefone quando alguém ligasse e demonstrasse estar nervoso. Isso me surpreendeu: pensei que a função deles fosse exatamente dar respostas!

Ela, então, explicou qual era o verdadeiro papel dos funcionários: segundo essa executiva, os atendentes faziam o maior número possível de perguntas. Isso daria tempo para que a pessoa do outro lado da linha visse a si mesma de maneira mais positiva, e não como uma vítima desamparada. A última coisa que queriam era que a pessoa ao telefone sentisse que eles não poderiam apresentar uma solução. Na maioria dos casos, se as perguntas certas fossem feitas, a pessoa acabaria dando sua versão do que achava que poderia fazer para resolver o que quer que estivesse errado naquele instante.

Depois que ouvi essa fascinante ideia, constatei que é exatamente isso o que os vendedores aprendem todos os dias: eles aprendem a fazer perguntas.

COMO AS PERGUNTAS ESTIMULAM O FOCO

Dar respostas aos problemas dos outros é algo muito tentador, principalmente se estamos diante de uma pessoa menos experiente no assunto em questão, mas, quando você dá respostas, torna as pessoas dependentes de você, e não de si mesmas. Seja um problema específico do trabalho ou algo mais geral, o mesmo princípio se aplica: se você der respostas, eles voltarão a consultá-lo sempre.

QUANDO VOCÊ RESOLVE OS PROBLEMAS PELOS OUTROS, TIRA DELES O PRÓPRIO PODER

Em meus seminários para empresas, posso perceber a confusão nos olhos de muitos participantes quando digo que a função deles não é dar respostas, mas fazer perguntas eficazes. Não é fazer qualquer pergunta, mas perguntas eficientes. Vou lhe dar um exemplo.

OBA, É HORA DE MCDONALD'S!

A McDonald's está tão avançada em sua área que poderia se tornar arrogante e complacente, mas, em vez disso, os funcionários acolhem meus seminários com entusiasmo e um profissionalismo singular, algo que até hoje me deixa maravilhado. Somente quando você conversa com aqueles que atuam nos bastidores da empresa é que percebe o quanto eles são bons no que fazem.

A McDonald's se tornou parte importante da vida na Austrália, não importa a opinião que tenham sobre a comida ali oferecida. Essa organização emprega jovens recém-saídos das escolas e faz deles homens de negócios responsáveis, dinâmicos e focados. Mais de 3.000 pessoas na McDonald's australiana já participaram do Seminário Paul Hanna, e o mais irônico é que elas não precisam estar ali. É isso mesmo, você leu certo: elas não precisam participar, elas desejam estar ali. Essa é a grande diferença.

Em um de meus seminários para essa empresa, Kate, uma assistente administrativa, me perguntou como poderia impedir que os membros de sua equipe lhe fizessem perguntas tolas sobre questões que ela estava certa de que poderiam resolver por si mesmos se pensassem um pouco mais. Por que eles sempre vinham até ela para perguntar?

Na maioria das vezes, quando a equipe – ou jovens, neste caso – está sempre fazendo perguntas, isso significa apenas falta de confiança para tomar uma decisão e assumir as consequências. Eles podem até saber as respostas, podem ter passado pelo melhor treinamento, mas o ponto principal é que não acreditam que têm a resposta correta e precisam sempre buscar a certeza com seus superiores. Isso é ótimo, se é o que você deseja.

Mas vamos dar uma olhada no erro que gerentes, diretores e pais cometem quando se fazem consultar para reafirmar as respostas. Em geral, para agilizar o trabalho e por saber quais serão as consequências, você facilita as coisas. Você diz o que fazer. Os filhos ou funcionários saem com a resposta, mas também com a ideia de que, quando tiverem outro problema, já sabem quem procurar: você. Por quê? Porque você os condicionou a voltar para conseguir mais.

DEPENDENTE OU INDEPENDENTE?

O que os líderes perspicazes sabem? Em casa ou no trabalho, o mesmo princípio se aplica: "Volte mais tarde com três soluções."

Após discutirmos o problema de Kate, ela deduziu que, como já havia passado por várias etapas na empresa, conhecia muito bem o mecanismo de trabalho e, sendo assim, tinha facilidade para dar respostas; mas isso não é liderança. Depois de uma longa discussão, ela concluiu que deveria buscar um maior envolvimento de sua equipe.

De volta ao trabalho, quando um de seus subalternos apareceu com uma pergunta, ela lhe pediu que retornasse dali a dez minutos com três soluções possíveis para o problema. A equipe, que estava feliz por ter alguém que resolvesse todas as suas dúvidas, levou um susto no início, mas como você verá todos ali progrediram, assim como a filial em que trabalhavam.

"Eles estão adorando", ouvi de uma animada Kate ao telefone. O que ela descobriu foi que, após uma ligeira turbulência inicial, a equipe se deu conta de que tinha a maioria das respostas e, mesmo assim, ia buscar orientação. Kate ficou surpresa ao constatar que eles passaram a procurá-la já trazendo uma ou duas soluções para os problemas. Nunca mais foram encontrá-la de mãos vazias. Chegavam com a resposta que julgavam ser a correta e, após receberem o sinal verde, seguiam em frente.

Três semanas depois, recebi outro telefonema de Kate. Algo fascinante acontecera, seus subalternos não a procuravam mais para verificar se estavam certos: "Estão agindo por si mesmos."

PERGUNTAS SÃO PODEROSAS, ELAS TRAZEM PODER

Quando dizemos às pessoas como devem fazer algo, tiramos delas o poder. Elas não fazem nenhum investimento nos resultados, o resultado é seu. Isso é verdade nos negócios, em casa, com amigos, parentes ou colegas de trabalho; a melhor maneira de motivar os que o rodeiam é fazer mais perguntas. Vamos analisar dois diferentes cenários.

Pense por um instante em algum evento social do qual você participou. Você conheceu alguém especial? Gostou de conversar com esse indivíduo? Em geral, você se lembra com prazer das pessoas que lhe fizeram perguntas sobre sua vida, que se interessaram por seus planos, seus negócios, sua opinião sobre um lançamento ou um evento esportivo. Elas o fizeram falar bastante e, antes que você percebesse, estavam conversando há uma hora, mas pareciam cinco minutos.

Agora, pense na última vez em que você foi a uma festa e a pessoa ao lado de quem se sentou era muito enjoada. Provavelmente, ela falava sem parar. Falava da própria vida, dos próprios problemas, opinava sobre acontecimentos recentes e fazia previsões para o futuro. Nenhuma conexão... Não me surpreendo!

Para ser a alegria de uma reunião, seja de negócios ou social, faça perguntas! Sempre dá certo.

AS CRIANÇAS SÃO MOTIVADAS POR OBJETIVOS, NÃO POR PRESENTES

Pense na história que contei sobre pai e filho no início deste capítulo. Naquele caso, Don estava sempre salvando o filho, a ponto de torná-lo tão dependente que não era capaz de resolver nada por si mesmo.

Você pode estar se perguntando o que aconteceu depois da minha segunda conversa telefônica com Don. Bem, ele não estava nada satisfeito e me fez ver isso claramente; eu expliquei que ele estava me pagando para lhe dar bons conselhos. É interessante notar que, quando perguntei a Don se já ouvira de outras pessoas o mesmo que eu disse, ele me respondeu que o assunto surgira apenas uma vez: ele estava numa convenção em Singapura e, após beber um pouco mais do que devia, um de seus diretores lhe disse, sem subterfúgios, que ele deveria permitir que o filho tivesse personalidade própria e que deveria parar de dirigir a vida do rapaz como vinha fazendo. Quase todos na empresa de Don sabiam que isso era verdade, mas, como achavam que a segurança no emprego era mais importante que dar uns conselhos ao chefe, deixaram-no cego diante do que era óbvio para todos.

Três semanas se passaram e Don voltou a fazer suas viagens regulares. Achei que deveria deixá-lo se acalmar um pouco para, então, voltar a falar com ele quando retornasse, mas não precisei telefonar: numa manhã, bem cedo, ouvi um barulho vindo de meu fax; isso não era muito comum, porque poucas pessoas sabiam o número. Fiquei curioso: pulei da cama e fui até meu escritório a tempo de ver uma mensagem chegando de Nova York.

Era de Don. Ele vira uma placa numa loja de presentes no aeroporto, comprou-a, fez uma fotocópia e a enviou para mim. No alto da página estava escrito: "Paul, pensei no que você me disse. Você está certo. Achei que gostaria de ler esta placa!"

NÃO DÊ A SEUS FILHOS DINHEIRO E REGALOS, OFEREÇA-LHES OBJETIVOS E ASAS PARA BUSCÁ-LOS!

Crianças, subalternos, adultos: somos todos iguais. Quando temos segurança para tomar decisões e confiamos em nós mesmos, simplesmente agimos. Qualquer um que faça perguntas constantemente, buscando sempre uma reafirmação, precisa ser convencido de que sabe as respostas; precisa saber que é capaz! Você consegue!

CAPÍTULO 13

ATRAINDO AS COISAS BOAS DA VIDA

> HÁ UM FATO ENGRAÇADO SOBRE A VIDA: SE VOCÊ SÓ ACEITA O QUE HÁ DE MELHOR, COSTUMA CONSEGUI-LO COM FREQUÊNCIA.
>
> **W. Somerset Maugham**

NESTE CAPÍTULO

- Condicionamento familiar e dinheiro ▪ Como sua atitude e o seu saldo bancário estão ligados ▪ Quanto você se sente à vontade com o sucesso dos outros? ▪ Novos sistemas geradores de riqueza ▪ A qualidade é mesmo tudo ▪ Uma lição sobre excesso de economia – sai caro! ▪ Como dar e receber são a mesma coisa ▪ Como a segurança é um estado de espírito ▪ Por que o dinheiro, sozinho, não afasta os medos

Você aprendeu no capítulo 4 que nós nos movemos na direção daquilo em que pensamos; sua atitude em relação ao dinheiro e quanto dele você atrai na vida estão ligados a esse conceito. Se você se move na direção de seus pensamentos, então seu estilo de vida atual reflete seu pensamento atual. Se você não está satisfeito com esse estilo de vida, talvez precise analisar com cuidado como, hoje, você pensa sobre dinheiro e sucesso.

O QUE VOCÊ SELECIONOU NA MESA DO JANTAR?

De todas as atitudes que aprendemos com a família, acredito que nossa maneira de pensar sobre prosperidade e abundância é a mais marcante. Tente se lembrar do que você ouviu falar sobre dinheiro à mesa do jantar quando ainda era criança; qualquer comentário ligado ao assunto, economizar, gastar... Vocês comentavam a situação financeira dos vizinhos (ou falta de situação!)? O que foi dito quando um amigo da família comprou um carro novo? Todos o cumprimentaram ou você ouviu comentários maliciosos insinuando que ele obteve o dinheiro de maneira negativa? Talvez o chamassem de "exibido" ou "novo-rico". Quando seus vizinhos reformavam e ampliavam a casa, que comentários você ouvia? Eles recebiam congratulações? Ou os comentários eram do tipo: "Para que eles precisam de mais espaço?"

Pegue lápis e papel e anote, agora mesmo, algumas das observações que costumava ouvir. Para ajudá-lo nessa avaliação de seu pensamento atual, aqui estão alguns comentários típicos sobre dinheiro e sucesso que considero negativos:

Ele é podre de rico!
Todas as pessoas ricas são desonestas ou drogadas.
O dinheiro é a fonte de todo o mal.
Preferiria ser pobre e feliz a ser rico e solitário.
Nossa família sempre lutou muito.
Somos pobres, mas pelo menos temos saúde.
Não dá para ganhar dinheiro sem trapacear.

A partir de hoje, durante uma semana, fique bastante atento ao que você diz para si mesmo. Preste atenção também ao que diz em voz alta para seus amigos sempre que se vê diante de uma pessoa de sucesso, que pareça estar melhor de vida que você, como, por exemplo, alguém dirigindo um carro de luxo ou morando numa casa espetacular.

Quando você se tornar consciente de tudo o que diz ou pensa, vai perceber como está puxando a si mesmo para baixo durante o processo. Uma vez consciente, você pode reprogramar sua autoimagem, ou piloto automático, para refletir sua nova altitude, mudando as coisas que diz e pensa.

NOVAS AFIRMAÇÕES PARA GERAR RIQUEZA

Lembra-se do piloto automático do 747? Ele controla a altura do voo. Mas você pode aumentar sua altitude relacionada a qualquer aspecto, desde que assuma a responsabilidade por fazê-lo. Se quiser atrair mais coisas boas para sua vida, anote estas afirmações positivas e repita-as regularmente, por exemplo, uma vez por semana:

Eu atraio um estilo de vida abundante e próspero.
Eu vejo um mundo repleto de possibilidades e emoções.
O dinheiro é meu amigo.
Adoro ver pessoas prosperarem.
Só atraio excelência para minha vida.

As afirmações acima são palavras minhas e servem apenas como guia; para alcançar um verdadeiro impacto, é melhor reescrevê-las com suas palavras, aquelas que vão tocá-lo mais profundamente. Lembre-se: palavras ativam imagens na mente, que, por sua vez, ativam emoções.

"DICAS" PARA ATRAIR AS BOAS COISAS DA VIDA

Quando estou apresentando este módulo em meus seminários, muitas pessoas da plateia contam como preparam a si mesmas para a abundância e a prosperidade. Aqui estão algumas sugestões:

- Grave sua voz e a ouça repetir algumas das afirmações anteriores enquanto adormece; esse é um momento poderoso para todos nós e o mais receptivo para determinar objetivos.

- Anote as afirmações num pequeno cartão e o coloque numa posição estratégica, por exemplo, na sua bolsa ou carteira, e o leia com frequência.

- Se você tiver uma suíte, prenda suas afirmações do lado de dentro da porta; assim, só você e seu cônjuge poderão vê-las.

- Cole suas afirmações no teto, acima de sua cama, para que sejam a primeira coisa que você veja de manhã e a última ao se deitar.

- Coloque um cartão-postal do lugar que deseja conhecer nas próximas férias na porta da geladeira; guarde os cartões antigos de férias anteriores e os que amigos enviaram para você.

Procure mais dicas no capítulo 4.

SUA RENDA REFLETE SUAS EXPECTATIVAS

Aposto que você já ouviu essa pergunta: "O que nasceu primeiro: o ovo ou a galinha?" Acredito que muitos indivíduos enfrentem esse dilema quando se trata de economizar dinheiro ou construir um patrimônio. Alguns acham que, se economizarem durante muito tempo, terão o suficiente para atingir seus objetivos, mas muitos não percebem que suas expectativas, ou o que acreditam merecer na vida, podem estar inibindo o próprio desenvolvimento.

Quando você aumenta as expectativas do que acredita ser bom o suficiente para sua vida, ativa uma corrente de eventos que o levarão a um novo nível de renda. Eu já presenciei isso em minha vida inúmeras vezes: assim que me comprometo com um novo objetivo, como uma viagem internacional ou um automóvel novo, de repente, sem mais nem menos, me aparece um novo cliente.

Suas expectativas, ou "consciência de prosperidade", são a chave para libertar seu potencial e permitir que você enxergue aquilo que, provavelmente, está bem diante de seus olhos.

**NÓS NOS MOVEMOS NA DIREÇÃO
DE NOSSOS PRINCIPAIS PENSAMENTOS**

QUANTO VOCÊ SE SENTE À VONTADE COM O SUCESSO DOS OUTROS?

Jamais me esquecerei do que aconteceu a Colin, um de meus melhores amigos, quando saímos para jantar com um dos clientes dele. Colin reencontrou um antigo colega de trabalho, Trevor, que fora demitido há alguns anos, quando ambos trabalhavam com vendas. Depois do usual: "Você está com ótima aparência, como vão as coisas?", Colin perguntou ao ex-colega sobre os negócios. O homem que havia sido demitido por incompetência cinco anos atrás agora administrava a própria empresa de consultoria de marketing e era um empresário de sucesso. Ele contou que, após os primeiros três anos de luta, a empresa se tornara lucrativa e estável. Sabendo que Trevor era louco por automóveis, Colin quis saber que carro ele possuía: Trevor disse, com orgulho, que era uma Ferrari vermelha, último tipo. A reação de Colin me surpreendeu; em vez de parabenizar Trevor, ele mudou de assunto e ignorou totalmente aquela grande conquista. Para mim, isso demonstrou que meu amigo não se sentiu à vontade com o sucesso do ex-colega.

O quanto você se sente à vontade com o sucesso e a riqueza dos outros vai determinar o que você atrai para a própria vida. Reveja com atenção as afirmações negativas que escreveu e tome uma decisão firme de mudá-las para afirmações positivas sempre que se pegar repetindo-as. Com o tempo, e com o foco em seus objetivos, você vai perceber que se sente mais à vontade com o sucesso.

Se você estiver consciente de que pode ter assimilado informações incorretas pelo caminho da vida, assuma a responsabilidade por mudá-las.

Como já vimos, seus pais fizeram o melhor que puderam com os conhecimentos que possuíam, não havia muitos livros de autodesenvolvimento, nem seminários naqueles tempos. Agora é hora de substituir aquelas informações obsoletas por informações novas e mais relevantes.

GOURMAND OU GOURMET?

Os franceses, conhecidos em todo o mundo por seu obstinado desejo de estilo e qualidade, têm um interessante ditado. Eles dizem que temos duas opções para vivermos nossa vida: *gourmand* ou *gourmet*.

Já posso ouvi-lo dizer: "Mas que diabos que dizer *gourmand*?" A maioria das pessoas tem uma boa ideia do que gourmet quer dizer, pelo menos no que se refere à comida; significa alguém que adora comer e procura sempre a qualidade. Por outro lado, um *gourmand* também adora comida, mas não se importa com o que está comendo: qualquer coisa serve, quanto mais, melhor. Mas essas palavras também podem ser usadas num sentido mais geral: simplesmente, os gourmands optam por levar a vida com grande quantidade de tudo, porém sem muita qualidade; montanhas e montanhas de comida, mas não de alto nível; centenas de sapatos, mas nenhum de qualidade; uma abundância de roupas, mas, como sempre, sem muita qualidade.

Ao contrário do gourmand, o gourmet prefere não ter demais, mas se concentra em possuir uma quantidade limitada de algo que seja de boa qualidade.

QUALIDADE É TUDO

Você se lembra da última vez que comprou uma roupa que não estava à altura de suas expectativas? Ou um eletrodoméstico que vivia apresentando defeitos?

É impressionante como as sementes da expectativa são plantadas cedo em nossas mentes. Sempre fui condicionado a pagar aquele pouquinho a mais, se isso quisesse dizer melhor qualidade. Ron e Julianne concordam comigo nesse ponto: eles aprenderam a lição da maneira mais difícil.

Após economizar durante anos para comprar sua primeira casa, eles decidiram que não iriam transigir em relação a nada que fizessem no imóvel, nem por dentro, nem por fora. Estavam decididos a colocar ali tudo da melhor qualidade que pudessem pagar; se não tivessem dinheiro para o melhor, esperariam e aguardariam mais um pouco até conseguir a quantia necessária. À medida que se aproximava o primeiro Natal que passariam na casa nova, Ron decidiu que estava na hora de construir a piscina; qualquer pessoa que possua uma piscina em casa sabe com que facilidade a construção dela pode se transformar num pesadelo. Ron e Julianne sabiam que sua prioridade número 1, como em todo o resto da casa, era a qualidade; eles gastaram uma enorme quantia para contratar uma das melhores empresas do ramo, e a escavação começou.

Cerca de três semanas depois, Ron foi despedido. Ele estava naquele emprego há pouco tempo e a indenização recebida quando saiu do emprego anterior fora aplicada na casa. Agora, o casal precisava controlar cada centavo. A piscina se tornou um luxo pelo qual não podiam pagar, mas já haviam feito o depósito e estavam comprometidos com a construtora. Para piorar a situação, já haviam mandado convites para o almoço de Natal, para toda a família de Julliane, onde se via um desenho de Ron e Julianne na nova piscina.

As semanas foram passando, as contas ficaram descontroladas e a piscina se transformou num pesadelo completo. O construtor disse que poderia baixar os custos se trabalhasse em outra piscina ao mesmo tempo. As desavenças e atrasos foram constantes e, três semanas antes do Natal, a piscina permanecia inacabada. Ron e Julianne estavam aflitos e começaram a economizar na obra, resolvendo colocar um sistema de limpeza mais barato do que o que pretendiam de início.

Após quatro meses de desentendimentos e noites sem dormir, a piscina finalmente ficou pronta no mês de março do ano seguinte. Ron e Julianne concordam que seu maior erro foi procurar atalhos para terminar a construção e hoje eles percebem que deveriam ter ido ao banco para explicar a situação de Ron e conseguir um refinanciamento que incluísse a piscina. Em vez disso, agora possuem uma piscina de má qualidade, que poderia ter sido evitada se tivessem se apegado a sua regra de ouro: **qualidade a qualquer preço.**

Um de meus poemas favoritos define com perfeição a importância da qualidade.

QUALIDADE

Não é prudente pagar demais,
mas é imprudente pagar pouco.
Quando pagamos muito,
perdemos uns trocados, nada mais.
Quando pagamos pouco,
às vezes perdemos tudo
porque aquilo que compramos
não é capaz de fazer
aquilo que pagamos para ser feito.
A lei do equilíbrio dos negócios
proíbe pagar pouco e ganhar muito.
Isso não pode ser feito.
Se lidamos com o que é mais barato,
é melhor guardar um pouco, pois corremos risco.
E, se assim pudermos fazer,
teremos dinheiro para comprar algo melhor...

DAR E RECEBER É A MESMA COISA

Você alguma vez já pensou em alguém que não via há muito tempo, de repente o telefone tocou e era exatamente essa pessoa? Ou já escreveu uma carta para alguém e, na manhã seguinte, recebeu uma carta da mesma pessoa? Quantas vezes já ouviu alguém dizer: "Você não morre tão cedo; acabamos de falar em você"?

Como vimos em capítulos anteriores, a autoconversação o faz se mover na direção de seu pensamento atual, mas não existem coincidências ou acaso. Ora, se seu pensamento controla a direção para a qual você se move, o que dizer de suas atitudes físicas? Como elas controlam o que acontece em seu mundo?

Existem ditados que dizem: "você colhe o que planta" ou "quem semeia vento colhe tempestades". Se você quiser atrair as coisas boas da vida, deve saber que esses ditados são absolutamente verdadeiros. Não estou me referindo a esquemas para enriquecer depressa: os cassinos estão cheios deles. O que desejo provar é que, se você pode aceitar que a energia que hoje sai de você está atraindo o que quer que aconteça em sua vida, então, de agora em diante, vai se sentir com o poder de atrair tudo o que desejar.

Todos nós aceitamos a necessidade de respirar. Não a questionamos porque sabemos que, se pararmos de respirar, morreremos por falta de oxigênio. A riqueza e a abundância de qualquer coisa na vida estão diretamente relacionadas ao mesmo pensamento: se você assimilou a antiga crença de que "vintém poupado é vintém guardado", jogue-a fora. Ela pode estar impedindo seu progresso. Veja por quê: como acontece com o ar, é preciso manter o fluxo do dinheiro entrando e saindo de sua vida. Você precisa estar sempre dando para receber. É simples assim. Mas, antes de sair por aí distribuindo presentes para todos, pare para pensar por que você está dando.

Palavras e gestos são inúteis e vazios quando não são oferecidos com honestidade. O que dá poder a palavras e gestos é a intenção. Quando você dá algo a alguém somente para obter outra coisa em troca, o universo sabe disso e resiste a qualquer sucesso em sua vida. É por isso que trabalhar arduamente nem sempre o leva ao sucesso. Por outro lado, quando sua doação tem o objetivo único de ajudar alguém, a lei do universo vai garantir que você seja recompensado.

Em meus negócios, eu já experimentei o poder da doação: durante muitos anos, lutei para fazê-lo dar certo, para alcançar um fluxo de contratos e de clientes que me permitisse ter prazer no que faço sem me preocupar com os "lobos" batendo à porta (o banco!).

A grande virada em meu pensamento chegou inesperadamente, quando fazia uma palestra na Costa Central, em New South Wales. Eu estava me apresentando para um grupo de vendedores de seguros muito bem-sucedidos e a atmosfera na sala era quase elétrica; todos eles conheciam o poder do que eu estava falando porque era esse mesmo poder que os tinha feito alcançar o sucesso.

No fim da apresentação, o gerente geral agradeceu por meu "impressionante talento para dar" e disse que havia aprendido muito. "O que foi que eu dei?", pensei comigo mesmo. Naquela tarde, voltando para Sydney, entendi o poder das palavras do diretor e percebi como eu havia mudado o estilo de minhas apresentações: eu já não as realizava para ganhar dinheiro, mas aceitava o fato de que o sucesso viria quando eu me atirasse de cabeça no trabalho e começasse a fazê-lo para ajudar as pessoas a crescerem. Embora eu sempre tentasse melhorar minhas apresentações de maneira física, por exemplo, aprimorando as minhas apostilas, o segredo estava na mudança de meu modo de pensar.

A VERDADEIRA SEGURANÇA

O que é segurança? É surpreendente o número de respostas diferentes que recebo quando faço essa pergunta em minhas palestras. Aqui estão as que ouvi durante um seminário:

Uma polpuda conta no banco.
Um amor que tome conta de mim.
Meus pais.
Meu marido/esposa.
Minha carteira de investimentos.
Meu carro.
Minha casa.
Meu cargo no trabalho.

Todas elas estão erradas! Nada disso nos oferece segurança. Lembra-se de quando discutimos a autoestima? Decidimos que pessoas ou acontecimentos não podem nos tirar a autoestima: você é o único que pode fazê-lo. É preciso dar permissão para que essas pessoas ou acontecimentos façam saques na sua Conta Bancária de Autoestima. Você está na cadeira do piloto de sua vida.

Então, o que é segurança? A verdadeira segurança vem de dentro. É acreditar que o universo vai cuidar de você e mantê-lo no estilo de vida que atingiu. Mas, se você acreditar que não merece viver nesse estilo de vida porque ele é bom demais para você, começará a abrir caminho para a autossabotagem, o que vai levá-lo a retornar aos tempos difíceis.

Um caso exemplar é o de Jacqui, que trabalhava numa concessionária de automóveis de luxo. Quando realizei um seminário na empresa em que ela trabalhava, ela me disse que estava começando tudo de novo, pela segunda vez. Jacqui havia trabalhado para outra revendedora de automóveis de luxo e se saíra muito bem, mas deixara o sucesso escorrer por entre os dedos; em vez de permanecer focada, começou a procurar atalhos quando lidava com os clientes. Antes, ela recebia muitas ligações de clientes satisfeitos que queriam lhe apresentar novos compradores, mas depois passou a se contentar em oferecer apenas o que estivesse exposto no salão.

Quando a economia do país sofreu um declínio, a importância de se ter boas referências de clientes se tornou óbvia para ela; todos os vendedores sabem que essa é a melhor credencial para um negócio, pois a credibilidade e a confiança já foram estabelecidas pelo cliente antigo, que ficou satisfeito com a compra. Após inúmeros avisos para melhorar as vendas, Jacqui perdeu o emprego. Lutou durante vários meses para amealhar coragem e procurar o emprego que tem hoje. Com a poupança quase no fim e a autoestima no fundo do poço, Jacqui disse que estava na maré mais baixa de sua vida.

Ela disse ainda que se identificou com a frase "o professor chega quando o aluno está pronto" (veja capítulo 10). Para ela, a conjunção de dois eventos, a queda da economia e o fato de ter perdido o emprego, era parte de um cenário mais amplo que a estava avisando que era preciso assumir mais responsabilidade pelo próprio desempenho. Jacqui aprendeu que, se não voltasse a focar seus objetivos, levaria a si mesma ao fracasso. Hoje, ela sabe que, se conseguir manter o nível de autoestima e desenvolvê-lo, seu desempenho só poderá melhorar.

A autossabotagem é nosso subconsciente nos dizendo para retomar nossa altitude de cruzeiro ou zona de conforto. Esteja consciente disso e fique sempre atento: quando você se pegar se colocando para baixo, saberá que é hora de voltar a se concentrar naquilo que deseja, e não o que não deseja.

O DINHEIRO NÃO VAI LIVRÁ-LO DE SEUS MEDOS

Pergunte aos indivíduos vitoriosos qual é o maior medo deles: é provável que digam que temem perder o que conseguiram ganhar. Para a maioria das pessoas, porém, as maiores preocupações são lutar para manter os lobos longe da porta e tentar se manter dentro do orçamento da casa. Isso já é suficientemente estressante.

Mas pergunte às pessoas se elas acham que ainda teriam preocupações se alcançassem a riqueza e o sucesso de algum de seus astros de cinema favoritos. A maioria dirá que, se não tivesse preocupações financeiras, todas as outras desapareceriam. De jeito nenhum! Pesquisas e mais pesquisas revelam como pessoas que ganharam grandes quantias de dinheiro ficaram sem uma boa parte dele rapidamente porque se sentiam desconfortáveis com um saldo muito grande na conta bancária.

Outro exemplo é aquele ator que a vida inteira espera um papel num programa de grande audiência na televisão. Quando seu sonho se torna realidade, ele começa a se preocupar com o tempo que o papel vai durar. E se a audiência cair? Ele seria forçado a ir embora por não ter conseguido manter o interesse do público? Ficaria desempregado outra vez? Esse ator pensava que suas preocupações se acabariam quando conseguisse o tal papel, mas não acabaram.

VOCÊ NÃO É SEU EMPREGO
VOCÊ NÃO É SEU TÍTULO
VOCÊ NÃO É SEU CARRO
VOCÊ NÃO É SEU ENDEREÇO

Ser um sucesso é um direito seu, não importam as circunstâncias nas quais você nasceu.

CAPÍTULO 14

O PODER DA PERCEPÇÃO

> UM MILIGRAMA DE IMAGEM VALE UMA TONELADA DE DESEMPENHO.
>
> **Anônimo**

NESTE CAPÍTULO

- Quem disse que as pessoas não julgam um livro pela capa? Todos nós fazemos isso! ▪ Por que o que você veste diz muito sobre quem você é ▪ Vista-se como a pessoa que você quer ser ▪ O elo de pensamento e seu poder de conexão ▪ Como os vencedores se esforçam para ter a aparência de vencedores

Pense na última vez em que você estava dirigindo e viu um maravilhoso BMW. O que você pensou sobre o motorista? "É um perdedor!" De jeito nenhum. Garanto que pensou: "Uau, aquele cara deve estar muito bem de vida!" Ou então ficou com inveja e resmungou: "Ele deve ter ganho o carro de presente dos pais". Se você se identificou mais com a segunda reação, leia de novo o capítulo 13.

O fato é que, concordemos ou não, 99,9 % da população julga você por sua aparência e pela maneira como você se apresenta. Numa palestra que dei num grande banco australiano, pediram-me que falasse sobre isso.

Tom, que havia chegado à metade da estrada para o sucesso, ficou fascinado pelo tema e me pediu para encontrá-lo para que discutíssemos como ele poderia apresentar uma imagem mais profissional. A primeira área em que nos concentramos foi sua maneira de se vestir; Tom tinha uma personalidade sociável e gostava de usar gravatas do tipo "cheguei". Fiz a ele uma pergunta: "Se eu tivesse 50.000 dólares para investir, provavelmente fruto de toda uma vida de trabalho, e quisesse ter certeza de que você é a pessoa exata para fazer isso, o que você acha que seria mais convincente: uma gravata colorida com a estampa do Mickey Mouse ou uma clássica, do Armani?" A resposta é bastante óbvia, não é mesmo?

VISTA-SE COMO A PESSOA QUE VOCÊ DESEJA SE TORNAR

É um conceito antigo, mas verdadeiro: se você se veste como a pessoa que deseja ser, começa a se sentir diferente e as pessoas começam a vê-lo de maneira também diferente. Você está se vestindo como quem acaba de receber uma promoção?

No início deste livro, você descobriu que o mundo é um reflexo de seu pensamento. As pessoas o tratam como desejam ser tratadas. Você está dizendo a elas, consciente e inconscientemente, como quer que o tratem. Ora, sua maneira de se vestir está dizendo a todos o que você pensa de si mesmo e até que ponto acredita que vai chegar na empresa em que trabalha. Cada empresa tem estilo e regras próprios, por isso aqui estão algumas perguntas que você deve fazer a si mesmo ou para as quais deve prestar atenção nas próximas duas semanas; você vai se surpreender com o que vai começar a perceber.

Lembre-se, o objetivo vem primeiro, depois é que vemos como chegar até ele. Concentre-se em sua roupa e aparência e logo verá algumas mudanças rápidas que poderá fazer para melhorar suas chances de ser promovido. Quem é considerado o melhor no posto ou no emprego que você deseja? Como esse indivíduo se veste? Que automóvel ele possui?

Talvez você tenha ouvido o ditado "pense globalmente, aja localmente". Neste caso, o que você precisa fazer é exatamente isso. Olhe a seu redor e veja o que está dando certo (conhecido por "indicador de desempenho"), depois faça as mudanças necessárias para que isso se adapte a você. Por que reinventar a roda?

ELO DE PENSAMENTO

Todos os dias, penso nesta frase: "Um miligrama de imagem vale uma tonelada de desempenho." Esse conceito demonstra o elo de pensamento: o que você vê se liga imediatamente a seu modo de pensar sobre o que viu.

Robert Crandell, presidente da American Airlines, resumiu essa ideia com grande competência com um exemplo, utilizando passageiros a bordo de um avião. Ele disse que a companhia aérea observara que os passageiros que não voavam com frequência e ficavam um pouco nervosos algumas vezes puxavam, antes da decolagem, a mesa de lanche que fica na frente de cada assento. Embora a tripulação não compreendesse por que eles agiam assim, estava claro que se esses passageiros, ao abrirem a mesa, encontrassem uma mancha de café pensariam automaticamente: "Como será que eles cuidam dos motores? Se são descuidados dentro do avião, qual será a postura com a parte externa?"

Esse é um excelente exemplo de como a percepção corresponde à realidade para cada um de nós. Quem se importa com o jeito como as coisas **realmente** são? O que conta é como você **pensa** que elas são. Os engenheiros sabem que, quando projetam uma ponte, uma das primeiras providências que devem ser tomadas é responder a seguinte questão: ela **parece** segura e confiável? Estilos e projetos mais modernos de nada valerão se o público evitar usá-la ou enxergá-la como algo inseguro.

Você se lembra de ter encontrado um fio de cabelo no cachorro-quente que estava comendo? Ou de um restaurante onde a comida era deliciosa, mas você viu um camundongo correndo na direção da cozinha? Ou quando um vendedor de carros usados, vestido como se tivesse saído do filme *Os embalos de sábado à noite*, disse: "Pode confiar em mim"?

UM BOM PINTOR SE CONHECE PELOS PINCÉIS!

Um exemplo do elo de pensamento que é realmente perfeito me foi narrado por Chris, meu pintor de paredes. Ele estava trabalhando alegremente, quando perguntou sobre meus seminários. Então, falei sobre o elo de pensamento. Contei a história da mancha de café na mesinha do avião e Chris disse: "o mesmo acontece com pintores e os que os contratam."

"Como?", perguntei surpreso. Chris me explicou que, quando você está na dúvida se deve ou não contratar um pintor, a melhor maneira de decidir se o candidato é alguém que pode se orgulhar do trabalho que faz é pedir para ver os pincéis dele.

"Os pincéis?", indaguei.

"Os pincéis", respondeu ele. "Você pode saber como uma pintura vai ficar antes que o pintor comece a trabalhar observando os pincéis dele. Se ele não é capaz de mantê-los limpos, o que mais vai considerar sem importância na tarefa que pretende realizar?"

Lembro-me da primeira vez que vi Andréa, a moça que cuida de meu jardim. Eu havia telefonado para ela porque vira um anúncio de sua empresa no jornal local. Combinamos que ela viria a minha casa para dar uma olhada no gramado e no jardim e faria um orçamento.

Assim que Andrea chegou, tive certeza de que daria o serviço a ela; decidi-me antes de conversarmos. A caminhonete em que ela chegou estava imaculadamente limpa e trazia um elegante logotipo da empresa pintado num belíssimo tom de verde. Assim que a vi, soube que estava diante de uma pessoa que não apenas tinha orgulho do próprio trabalho, mas amava o que fazia. Nem preciso dizer que fiquei muito satisfeito com o excelente trabalho realizado, como já esperava que acontecesse.

Já foi dito que o nosso sentimento intuitivo está sempre certo. Que intuição você acredita que as pessoas têm a seu respeito quando você chega a uma festa ou reunião de trabalho? Seu estilo e aparência gritam para todos que você parou nos anos 80, por exemplo, ou dizem a todos que você se orgulha da maneira como se apresenta?

Algumas pessoas consideram o tópico "imagem" algo irrelevante e vazio, até que começam a trocar de emprego sem nenhum sucesso ou até que seus negócios começam a ir de mal a pior. Aí elas descobrem que todos têm o mesmo mecanismo de pensamento e que a percepção é a realidade.

ATENDIMENTO AO CONSUMIDOR

Uma das áreas mais profundas que podem ser afetadas pela percepção é o serviço de atendimento ao consumidor. Após falar sobre o elo de pensamento num de meus seminários, costumo ouvir relatos interessantes de como determinadas organizações controlam a percepção. Aqui estão apenas alguns:

- *A fita de papel que envolve o vaso sanitário na maioria dos hotéis, quando o hóspede chega ao quarto pela primeira vez, significa:*

"Este vaso foi totalmente limpo para você. Na verdade, ninguém jamais se sentou nele antes."

- Pessoas que lidam com alimentos usando luvas significam: "Nós realmente cuidamos de sua segurança."

- Mecânicos que cobrem o assento e o piso de seu automóvel antes de colocar as mãos em seu precioso veículo querem dizer: "Nós nos importamos com seu carro. Vamos cuidar bem dele." (Mas mecânicos que dirigem até o pátio da oficina dando piruetas com seu carro estão perguntando: "Você confia mesmo na gente?")

- O aroma de bolo recém-saído do forno se espalhando por uma casa que está à venda quer dizer: "Veja só que casa acolhedora e familiar. Já pensou nos momentos felizes que poderá ter aqui?"

- Todos nós já assistimos a programas médicos na televisão. O que a maioria das pessoas não viu na vida real é a quantidade de sangue que cai nos aventais incrivelmente brancos dos médicos. Como você se sentiria se o médico que acabou de operar sua querida mãezinha aparecesse na sua frente ainda usando um avental ensopado de sangue, para lhe dizer que tudo correu muito bem? Sem essa! Os profissionais da medicina conhecem a percepção, por isso a primeira coisa que fazem quando se lavam após uma cirurgia é colocar outra roupa branca bem limpa, para que você saiba que eles ainda estão em ritmo de trabalho, mas que tudo correu bem.

Já ouvi muitas "histórias de guerra" sobre percepção, boas e ruins, mas as que aparecem no capítulo que se segue são as mais notáveis, as que costumo contar em meus seminários. Todas elas gritam bem alto a mensagem: "Um miligrama de imagem vale uma tonelada de desempenho."

CAPÍTULO 15

EXCEDENDO AS EXPECATIVAS: TODOS NÓS ADORAMOS ISSO!

Nós colhemos o que plantamos.

Anônimo

NESTE CAPÍTULO

▪ Como um hotel de primeira classe excedeu as expectativas ▪ Como um vendedor de automóveis ouviu e acelerou ▪ Como uma limpeza gratuita de automóveis saiu pela culatra ▪ Como exceder as expectativas pode recarregar um casamento ▪ Por que exceder as expectativas faz os clientes voltarem ▪ Os erros podem ser a melhor oportunidade para impressionar ▪ Todos nós adoramos surpresas – a qualquer hora

O Park Hyatt Sydney se estabeleceu como um dos melhores hotéis da Austrália. As pessoas do ramo dizem que há três coisas que garantem o sucesso de um hotel: localização, localização e localização. O Park Hyatt, instalado à beira do mar, perto da ponte Harbour e em frente à Opera House, preenche todas as exigências nesse quesito; mas o diretor geral, Willi Martin, e sua equipe sabem que para permanecer no topo é preciso mais que uma boa localização.

Gordon Fuller, assistente geral executivo do Park Hyatt, me contou uma história para demonstrar como o hotel está sempre tentando exceder as expectativas de seus hóspedes. Uma americana que estava hospedada no hotel ligou para a recepção e perguntou se poderiam providenciar o envio de uma cesta de laranjas para seu pai, em Chicago, na data do aniversário dele. O pai daquela hóspede adorava as laranjas da Flórida, mas ela sabia que laranjas desse tipo não estariam disponíveis na Austrália, por isso disse que ficaria satisfeita se pudessem enviar "qualquer" variedade de laranja.

Após conversar com a moça, o recepcionista entrou imediatamente em contato com uma pessoa na Flórida, que providenciou o envio de uma cesta de laranjas daquela região para o pai da hóspede, em Chicago. Quando soube disso, a moça ficou extremamente surpresa, feliz e agradecida pelo serviço que a equipe que administrava o hotel foi capaz de oferecer.

QUASE O PARAÍSO ENTREGUE EM DOMICÍLIO

Cerca de seis anos atrás, eu estava no Salão do Automóvel em Melbourne, onde o luxuoso carro Lexus, da Toyota, seria lançado. Eu estava acompanhado de um cliente, Adam, que, assim como eu, é um aficionado de carros. Os sócios de Adam nos Estados Unidos já haviam falado maravilhas sobre esse automóvel e ele estava decidido a investir num deles quando estivessem à venda na Austrália. Quando nos aproximamos do local onde a Toyota expunha seus veículos, ele viu o Lexus LS400. Em cima dele, o preço:

cerca de 120 mil dólares canadenses, uma verdadeira pechincha se comparado aos preços dos BMWs e Mercedes-Benz oferecidos.

Três semanas depois, Adam me telefonou para dizer que havia examinado um Lexus e não podia acreditar na quantidade de dispositivos que viu ali. Perguntei qual era seu favorito e ele me disse que era um aparelho que, instalado no porta-malas, permitia a colocação de seis CDs. E acrescentou o dado de que poderia viajar de Sydney a Melbourne sem colocar um dedo num CD; para trocá-los, era preciso apenas usar os controles do painel. Há seis anos, isso era uma grande novidade e ele estava muito empolgado. Quando o vendedor mostrou a Adam as outras características do automóvel, perguntou casualmente que tipo de música ele imaginava colocar naquele aparelho. Ele disse que gostava de música country, especialmente de John Denver.

Um mês depois, Adam voltou a me telefonar: ele acabara de receber o seu novo Lexus. A empresa fez da entrega um verdadeiro acontecimento, com flores para a esposa de Adam e muitos chocolates. Então, quando ligou o motor para dirigir pela primeira vez seu tão esperado "brinquedo", ouviu uma música tocando: Almost heaven, West Virginia... Isso mesmo! Ele estava ouvindo John Denver. Adam ficou estarrecido; ele não podia acreditar que, após perguntar casualmente qual era seu tipo favorito de música, o vendedor tivesse tido a delicadeza de comprar um CD de John Denver e colocá-lo no aparelho. Inacreditável e totalmente inesperado!

UM SERVIÇO BOM DEMAIS PARA SER VERDADE

Peter, dono de uma das maiores revendedoras de automóveis da Austrália, me contou uma história recentemente. Ele costuma viajar a negócios por toda a Austrália e pelo mundo e já ficou em inúmeros hotéis e balneários. Ele e a esposa, Megan, foram passar alguns dias no Sheraton Mirage, na Costa Dourada, para fugir do vento frio do mês de agosto em Sydney. Ele estivera ali num recente encontro de revendedores e achou que seria o lugar ideal para uma viagem rápida.

Além disso, também ouvira falar que havia ali um bolo delicioso e estava decidido a comer pelo menos um pedaço. No sábado à tarde, Peter ligou para o restaurante Horizons, no próprio hotel, para reservar uma mesa para o jantar daquela noite; ele achou melhor verificar se o tal bolo constava do cardápio. A pessoa que o atendeu achou graça e disse que sim. Disse ainda que estaria trabalhando naquela tarde para receber Peter e sua família na hora do jantar.

Às 19h30, após dar as boas-vindas ao casal, Mônica, que havia falado com Peter quando ele fez a reserva, mostrou o famoso bolo e levou a família até a mesa que lhes era destinada. Tudo ia muito bem, até que às 21 horas as crianças começaram a ficar agitadas. Peter e Megan decidiram voltar para o quarto e deixar a tão aguardada sobremesa para outra ocasião. Cerca de quarenta minutos mais tarde, quando as crianças já estavam na cama, eles ouviram uma batida na porta: era Mônica, do restaurante. Ela disse que havia observado que as crianças estavam cansadas e agitadas e que eles haviam se retirado sem comer a sobremesa. Sabendo o quanto Peter desejava experimentar o bolo, decidira levar para eles uma garrafa com café para dois, vinho do porto e – você já adivinhou – duas fatias do delicioso bolo. Por conta da casa, é claro! Peter disse que jamais vai se esquecer desse fato.

AUMENTANDO AS EXPECTATIVAS

As histórias de Adam e Peter são exemplos de como coisas maravilhosas acontecem quando aumentamos as expectativas das pessoas. O que acontece em seguida? De repente, tudo tem de ser bom na mesma medida e, algumas vezes, as novas expectativas podem surpreender todos os envolvidos.

Num recente seminário para uma revendedora de automóveis em Sydney, perguntei a todos na sala o que acontecera desde nosso último encontro, há seis meses. Phillip, o gerente de serviços, nos contou que aprendera uma valiosa lição sobre as expectativas do cliente.

Após o seminário anterior, ele havia perguntado a sua equipe como poderiam, juntos, começar a melhorar o nível do serviço oferecido pela empresa. Após ouvir minha história sobre o CD de John Denver no Lexus, eles decidiram lavar os automóveis dos clientes após cada conserto. Sem qualquer exigência, grandes ou pequenos serviços, todos teriam os automóveis lavados.

Duas semanas antes, uma antiga cliente, a sra. Armstrong, foi à revendedora para a revisão dos 20 mil quilômetros. Como haviam combinado, o carro foi lavado antes de ser devolvido à cliente. Ela ficou muito feliz. A sra. Armstrong era cliente da empresa há cinco anos e sempre saía satisfeita com a alta qualidade do serviço prestado, mas a lavagem do carro foi realmente uma boa surpresa. Alguns dias depois, naquela mesma semana, ela enviou um cartão de agradecimento a todos os funcionários do departamento de serviços dizendo o quanto ficara contente.

Na semana seguinte, o marido da sra. Armstrong também levou seu automóvel para alguns consertos e, como sempre, o deixou ali durante todo o dia enquanto estava trabalhando. Às 16 horas, ele retornou para buscar o veículo. Foi direto ao balcão de serviços, pagou a conta e saiu. Dois dias depois, Phillip recebeu um telefonema do sr. Armstrong dizendo o quanto estava decepcionado. Phillip ficou surpreso, pois pensava que o serviço fora executado sem nenhum problema. Quando perguntou ao cliente a razão de seu aborrecimento, a resposta o surpreendeu ainda mais: "Vocês não lavaram meu carro tão bem quanto o de minha mulher na semana passada."

Quando você decide aumentar o nível de expectativa de seus clientes quanto ao que é suficientemente bom, esteja pronto para estar à altura desse nível.

FLORES E CHOCOLATES: "MAS HOJE NÃO É MEU ANIVERSÁRIO!"

Depois de contar a história de Phillip num de meus seminários com casais, conheci Alan. Ele me levou para um canto e disse que havia conseguido recuperar seu relacionamento seguindo o mesmo conceito. Quando eu pedi que me explicasse melhor o que queria dizer, ele me disse que no início do casamento tudo estava bem, mas, após dois anos e alguns desentendimentos, o casamento começou a se deteriorar. Alan se viu procurando tudo o que estava errado na relação, em vez de se concentrar no que era bom, até que a situação começou a sair do controle.

Então, ele participou de meu seminário de vendas, quando aprendeu que o relacionamento entre cliente e vendedor é amplamente determinado pela maneira com que eles se colocam no relacionamento e as expectativas de ambos. Embora essa informação fosse direcionada ao pessoal de vendas, Alan a ligou à esposa e ao casamento. Por exemplo, quando falei sobre exceder as expectativas dos clientes, ele pensou: "Quando foi a última vez que excedi as expectativas de Sandy? Há quanto tempo não a surpreendo com flores ou chocolates sem qualquer razão especial, a não ser o fato de amá-la?"

Quando ele voltou para casa naquela noite, carregando flores e bombons, Sandy quase desmaiou de susto. Depois do estágio "o que você está querendo?" (inevitável nessa situação), eles começaram a conversar sobre os motivos que os fizeram perder o rumo do casamento e o que poderiam fazer para resgatar o amor e o compromisso que os unia.

Alan me disse que o relacionamento nunca esteve tão bom: "Ainda temos nossos altos e baixos, como qualquer casal normal, mas somos capazes de sentar e conversar sobre os problemas antes que saiam de nosso controle." Quando Alan e Sandy vão a festas ou eventos sociais, todos notam o quanto o relacionamento do casal é sólido através da aura mágica que os dois deixam transparecer.

HAMBÚRGUERES E FRUTAS!

Numa recente visita a um de meus clientes em Melbourne, descobri que conseguira chegar muito mais cedo que o previsto, pois a estrada, famosa pelos engarrafamentos, estava surpreendentemente vazia. Como tinha trinta minutos para fazer o que quisesse, pensei que seria interessante visitar o McDonald's local.

Sempre podemos contar com o McDonald's na Austrália, se quisermos encontrar banheiros limpos, comida consistente e, acima de tudo, os jornais da manhã. (Sempre fico chocado quando entro num café, em qualquer lugar da Austrália, e pergunto se eles têm o jornal do dia. Depois de me lançarem um olhar de quem não está entendendo nada, os funcionários dizem: "Isto aqui é um café, meu amigo. A banca de revistas fica logo ali." Se o jornaleiro fica logo ali, por que não têm jornais e revistas no café? Investimento total, três dólares canadenses por dia por dois jornais: são essas pequenas coisas que fazem o cliente voltar.)

Mas voltemos ao assunto. Entrei no McDonald's e fiquei agradavelmente surpreso ao ver uma toalha cobrindo cada mesa, assim como um pequeno vaso de flores frescas. Isso me impressionou, pois demonstrou que a equipe de trabalho daquela loja estava realmente tentando exceder as expectativas. Fui pegar o jornal e vi que havia seis exemplares cuidadosamente arrumados. E limpos! E então o toque final... quando fui pedir meu café, descobri, em cima do balcão, três cestas repletas de frutas frescas. Fiquei maravilhado. Já fui a muitas lojas McDonald's e todas eram excelentes, mas aquela se sobressaiu porque seguia à risca a visão da empresa que é: "Proporcionar sempre, a cada cliente, uma experiência que determine novos padrões de Valia, Serviço, Limpeza e Qualidade."

AS COISAS PODEM DAR ERRADO, ATÉ MESMO COM AS CELEBRIDADES

Algumas vezes, os melhores lugares podem cometer erros. A história que se segue é prova de que, quando excedemos as expectativas, podemos salvar uma situação que deu errado.

Uma camisa que pertencia a uma celebridade da Inglaterra foi danificada na lavanderia do hotel Park Hyatt. Ela não poderia ser reposta antes da partida do hóspede, pois era uma camisa da Gap, norte-americana, que não poderia ser encontrada na Austrália. Sendo assim, o hóspede pediu que o hotel lhe enviasse uma camisa da Country Road para substituir a que fora danificada. O recepcionista imediatamente entrou em contato com a Gap nos Estados Unidos e conseguiu que enviassem uma camisa idêntica para o hóspede que já estava em Londres. Ao receber a camisa, a celebridade, que tinha grande experiência em lidar com hotéis, ficou surpresa por conseguir de volta uma camisa igual e em tão pouco tempo.

Tenho a certeza de que você também vê nessas histórias a importância e o grande poder da percepção. Uma tarde, após um seminário em Sydney, um dos diretores da empresa me entregou um pedaço de papel que, segundo ele, reforçava o que eu havia acabado de falar sobre a importância da imagem nos negócios. Dê uma olhada no quadro sobre clientes e veja o que você acha!

Nossos clientes são pessoas importantes	
Para manter seus clientes, cuidar bem deles e jamais perdê-los, lembre-se:	
1 = 11 × 5...	Em média, um cliente insatisfeito vai falar sobre a insatisfação a onze outros, que contarão a cinco outros. Isso é muita propaganda negativa.
Um negativo destrói doze positivos	São necessários doze episódios de serviços positivos para compensar um episódio negativo.
Reclamar? – Não! Retornar? – Não!	90% dos clientes não reclamam quando um problema acontece: eles simplesmente não retornam.
95% voltarão	Sete em cada dez clientes que reclamam voltam a fazer negócios com sua empresa se você resolver o problema de maneira a satisfazê-los. Se você resolver na mesma hora, 95% farão negócios com sua empresa outra vez.
Serviço ruim? Perda de 10-30% dos clientes	Na Austrália, as empresas perderão de 10 a 30% de seus clientes atuais, em geral devido à qualidade ruim do serviço oferecido. A maior parte deles poderia ter sido mantida.

Nossos clientes são pessoas importantes	
Indiferença = 60% de clientes perdidos	60% dos clientes que param de procurar determinada empresa o fazem devido à indiferença demonstrada por ela.
Serviço de qualidade? Crescimento três vezes maior que o da concorrência	Empresas que fornecem serviços de alta qualidade crescem duas vezes mais rápido e conseguem participação no mercado três vezes mais rápido que as concorrentes.
Serviço melhor = crescimento dos lucros	Empresas com baixa qualidade de serviços perdem 2% de participação no mercado a cada ano. As que oferecem serviços de alta qualidade ganham 6% de participação no mercado a cada ano e cobram preços significativamente mais baixos.

Sem clientes, não existe empresa.

EXCEDENDO EXPECTATIVAS EM CASA E NO TRABALHO

Como vivo a minha vida basicamente "no palco", fiquei fascinado ao ver, cerca de dois anos atrás, um programa na televisão sobre comediantes e o que faz com que alguns sejam vitoriosos.

Todos os comediantes concordam com a importância de dois elementos: surpresa e exagero. Eles entrelaçam esses dois elementos em suas piadas e lançam um final engraçado na esperança de conquistar a plateia. O mesmo conceito pode ser aplicado, de maneira poderosa, em casa e no trabalho.

Em um de meus seminários, um vitorioso homem de negócios me disse que a chave para manter sua autoestima intacta era estar sempre excedendo as expectativas das pessoas com quem entrava em contato todos os dias. Segundo esse empresário, quando ele excede as expectativas das pessoas ou as surpreende com um presente ou alguma boa notícia, elas sentem que terão um dia feliz. Então, como vimos em capítulos anteriores, colhemos aquilo que plantamos.

TODOS OS DIAS, ENCONTRE ALGUÉM A QUEM SURPREENDER

É realmente um objetivo simples. Imagine o que aconteceria se você se comprometesse a exceder as expectativas uma vez por dia. Somente de uma pessoa por dia: isso mesmo, apenas uma! O que aconteceria com sua autoestima? Quanto seus relacionamentos melhorariam?

Como sua parceira iria se sentir se você, como Alan, chegasse em casa com flores e chocolates após um dia normal no escritório? Não por ser aniversário de casamento ou aniversário de sua mulher, apenas porque ela é especial? Como seus filhos iriam se sentir se num sábado à tarde você dissesse: "Vamos todos ao cinema?" Quem limpa os banheiros em sua casa? Quem passa as roupas? O que aconteceria se você lhes desse uma semana livre dessas obrigações?

E no trabalho? Quanto você excede as expectativas? Quando foi a última vez que você levou aqueles tão aguardados números ao departamento de contabilidade uma hora antes do prazo final, para que ninguém ficasse atrás de você pedindo, pela milésima vez, que os entregasse? As pessoas que melhor sabem trabalhar em equipe numa empresa são aquelas que não apenas fazem bem o trabalho, mas também conseguem a ajuda dos colegas. E por que conseguem tal ajuda? Porque, no passado, elas ofereceram ajuda aos outros quando eles precisaram.

OFERECENDO UM SERVIÇO EXCELENTE NO RESTAURANTE

Você viu que, quando excede as expectativas, as pessoas retornam para obter mais. Mas o que acontece quando você reconhece o trabalho das pessoas que lhe oferecem um excelente serviço?

Lembro-me de ter lido numa revista de hotelaria que os hóspedes que se mostram gratos a quem lhes fornece um serviço, como garçons, porteiros ou comissários de bordo, recebem automaticamente um serviço 50% melhor se apenas disserem "Por favor" ou "Muito obrigado". Todos nós adoramos ser reconhecidos e agradecidos e as pessoas que percebem esse poderoso fato sempre tendem a receber os melhores serviços.

Experimente isso da próxima vez que sair para jantar. Veja se o garçom traz o nome escrito num crachá e comece a chamá-lo pelo nome. Observe que um excelente serviço vai fluir em sua direção.

Nós colhemos aquilo que plantamos.

Capítulo 16

EQUILÍBRIO E AVALIAÇÃO

> SÓ UMA PESSOA MEDÍOCRE ESTÁ SEMPRE EM SUA MELHOR CONDIÇÃO.
>
> **W. Somerset Maugham**

NESTE CAPÍTULO

▪ Como a motivação está ligada aos objetivos ▪ Quando você alcança seus objetivos, a motivação diminui ▪ Como reacender a chama do relacionamento ▪ Por que você fica sem energia depois do trabalho e como conseguir mais ▪ Como reajustar seus objetivos e aumentar sua motivação ▪ Avaliação proativa ou avaliação reativa: qual delas você usa? ▪ Exercício de avaliação para ajudar a refazer o foco ▪ Como os objetivos diários mantêm o estímulo

Uma das partes mais gratificantes de meu trabalho de palestrante é sentir que posso fazer uma verdadeira diferença na vida das pessoas. A diminuição da motivação é uma das partes mais populares de meus seminários porque permite que as pessoas compreendam que nunca precisam passar por períodos em que se sintam perdidas, sem foco ou infelizes.

O que quero dizer com isso? É muito simples: quando você alcança seus objetivos na vida, seja em que área for, sua motivação diminui. Para evitar isso, é preciso reajustar os objetivos momentos antes de alcançá-los.

REAJUSTE SEUS OBJETIVOS PARA REDESCOBRIR A MOTIVAÇÃO

Em um de meus recentes seminários em Sydney, eu estava falando para um grupo de empresários muito bem-sucedidos, acompanhados de suas parceiras. Eles foram convidados para participar da palestra porque conseguiram excelentes resultados nas diferentes áreas em que eram especialistas naquela empresa. Cerca de duas horas após o início do seminário, quando eu estava apresentando minhas informações sobre a diminuição da motivação após a conquista dos objetivos, observei que um dos casais sentados nas últimas fileiras começou a rir baixinho. No intervalo seguinte, não pude resistir: fui procurá-los para saber o motivo das risadinhas. Eles me contaram a história que se segue.

Patrick e Pamela estavam casados há dez anos e tudo ia bem com eles até dois anos antes daquele seminário. Patrick disse que os dois haviam testemunhado tantos casamentos de amigos fracassarem que se sentiam felizes por terem sobrevivido aos tempos difíceis do relacionamento. Mas, de repente, as coisas começaram a não ir muito bem; primeiro foram pequenas discussões e, antes que se dessem conta, estavam falando em separação.

O que eles perceberam durante o seminário era que haviam definido objetivos tão específicos durante o namoro que quando caminhavam rumo ao altar sabiam exatamente por que iriam lutar: uma casa, dois filhos, uma viagem ao Havaí e, finalmente, um BMW, o sonho de consumo de ambos. E adivinhe o que aconteceu! Dois anos antes do seminário, eles alcançaram todos os objetivos, todos eles; atingiram o sucesso e então perderam a motivação.

Segundo Patrick, o ponto mais importante foi que não perceberam o que estava acontecendo. Eles sabiam que estavam perdendo o entusiasmo pelo casamento e pela vida em geral e que já não estavam mais tão motivados a realizar muitas coisas. O que estava errado? Estariam perdendo o amor que sentiam um pelo outro, que acreditavam poder durar para sempre? Estaria a chama se apagando?

Bem, isso quase aconteceu! Após o seminário, Patrick e Pamela fizeram algo bastante incomum para um casal que está junto há dez anos: eles tiraram uma semana de férias e foram para seu hotel favorito numa ilha em White-Sundays, na Grande Barreira de Corais. Foi ali que fizeram os primeiros planos para quando se casassem e onde passaram a lua de mel. Acharam que seria bom voltar àquele lugar para planejar a próxima etapa do casamento, com a mesma precisão de detalhes com que o fizeram dez anos antes.

Para onde está caminhando o relacionamento? Está morno, precisando de um bom empurrão? Procurem discutir juntos o que vocês desejam alcançar. Para Patrick e Pamela, planejamentos e reflexões colocaram o casamento de volta nos trilhos e devolveram a eles a sensação de ter objetivos e o desejo um pelo outro.

Há pouco tempo, recebi um telefonema de Patrick para me contar que sua mulher estava grávida do terceiro filho e que eu era o responsável. Compreendi o que ele quis dizer, eu acho! Patrick disse ainda que ficava imaginando quantos casamentos de amigos poderiam ter sido salvos se os casais tivessem feito o que ele e Pamela fizeram, se em vez de se concentrarem no que estava errado na relação tivessem focado o lado que ia bem e refletido sobre aonde queriam chegar dali em diante.

CANSADO DEPOIS DO TRABALHO?

Você já chegou em casa, vindo do trabalho, totalmente exausto? Como se sentiu? Aposto que só queria se sentar na frente da televisão e relaxar; então, depois de mudar os canais algumas vezes, acabou adormecendo ali mesmo.

Mas em algumas noites, após o trabalho, você tem planos. Você é convidado para um jantar na casa de um amigo ou talvez alguns parentes tenham chegado de viagem e o tenham convidado para jantar fora e depois assistirem a um espetáculo na cidade. O que acontece? Você se vê ansioso para chegar a hora do jantar e, numa noite em que normalmente teria adormecido na poltrona, você fica acordado e vai se vestir com muita animação. Já consegue perceber a diferença? Numa noite, você está desanimado e cansado; na outra, está cheio de energia.

Qual o motivo da mudança? Ora, numa das noites você tem um objetivo, observe a energia que isso gerou. Veja como se sente entusiasmado: tudo isso porque decidiu o que queria.

ANIME-SE!

Numa conferência recente, assistida por 200 pessoas, perguntei: "Quem, nos últimos seis meses, passou um dia inteiro na praia ou num parque?" Somente três mãos foram levantadas! Você acredita? Quando fiz a pergunta, esperava no mínimo umas quinze mãos. (Para dizer a verdade, fiz essa pergunta em pleno inverno, mas ainda assim acho que é a melhor época para visitar os parques nacionais da Austrália. Além disso, comparadas ao Havaí ou Bali, as praias australianas são muito mais limpas e ficam vazias no inverno.) Estou criando uma celeuma em torno disso porque realmente acredito que planejar um fim de semana especial de vez em quando é o que me mantém são durante uma programação que me faz estar em diferentes capitais todos os meses, ano após ano.

As pessoas vitoriosas sabem que, se quiserem manter o ritmo de trabalho, precisam relaxar; os artistas costumam dizer que "você é tão bom quanto sua última apresentação". Mas não acho que isso se aplique só aos artistas.

Eu sei quais serão minhas apresentações com até um ano de antecedência, mas, algumas vezes, só fico sabendo duas semanas antes. Já observei que, quando estou ansiando por alguma coisa, permaneço no controle e me sinto bem. Assim que começo a refletir sobre o que já realizei, um mal-estar toma conta de mim e me sinto vaidoso e entediado.

A cada dia que passa, isso fica mais óbvio. Quando falo numa quinta-feira e sei que meu próximo compromisso será somente na segunda-feira seguinte, ativo o meu "sistema-fim-de-semana-longo"; esse sistema acontece quando eu desacelero e começo a "rebobinar a fita". Mas, se falo numa quinta-feira e sei que vou falar outra vez na sexta-feira ou no sábado, continuo ligado e pronto para começar. Em outras palavras, sem um objetivo imediato para conquistar, minha motivação diminui.

Observe quanto planejamento você dedica ao fim de semana. Isso é extremamente importante, pois a maneira como você se sente quando volta ao trabalho afeta seu desempenho na semana que se inicia. Procure se lembrar de uma época em que você esperava ansiosamente um evento muito excitante, que foi planejando com bastante antecedência: pode ser o casamento de um amigo íntimo, sua festa de 21 anos ou uma reunião de colegas de escola. Lembra como, durante várias semanas, você ansiou pela chegada desse dia? A espera o manteve motivado durante os períodos mais movimentados e cansativos.

Escrever este livro foi uma aula de motivação para mim; qualquer pessoa que tenha escrito um livro sabe como é enorme essa tarefa. No meu caso, a parte mais fascinante é o fato de saber que realmente estou conseguindo. Meus compromissos para palestras aumentaram, meu trabalho de consultoria continua a crescer rapidamente e, ainda assim, consigo achar tempo para escrever. No capítulo 4, falamos sobre a definição de prazos e vimos que um objetivo sem prazo final nunca passará de um sonho. Eu poderia ter apresentado inúmeras desculpas válidas para adiar a publicação deste livro, mas, depois que cheguei a um acordo com a editora quanto ao prazo, fiquei surpreso com o volume de energia e vigor que consegui reunir.

No capítulo 4, eu disse também que, quando você define um objetivo, tudo a partir dali começa a atraí-lo na direção dele ou a puxá-lo para o lado oposto. Em meu caso, assim que o prazo final foi combinado e a data de publicação foi marcada, eu ficava me perguntando a todo instante: "Será que essa é a maneira mais produtiva de utilizar meu tempo ou eu poderia estar trabalhando no livro?" Eu jamais teria essa autoconversação se não tivesse um objetivo para me impulsionar.

O que mais você poderia acrescentar à sua vida, se fosse necessário? Onde foi que você deixou sua motivação diminuir? Em que momento deixou de redefinir seus objetivos para acender aquela nova chama de energia? Pare por um momento para refazer seus objetivos e observe como sua motivação volta a fluir.

PROATIVO OU REATIVO?

Pense na última vez em que você foi ao dentista. O que o motivou a ir? Provavelmente uma dessas duas situações: ou você recebeu um aviso de que estava na hora do check-up anual, ou estava com tanta dor que a ideia de ouvir o terrível barulho do motor foi suplantada pelo desejo de se livrar do sofrimento.

Bem, de certa maneira, todos nós fazemos essa escolha diariamente. Ainda bem que não precisamos ir ao dentista todos os dias, mas em outras áreas de nossa vida estamos sempre diante desse dilema: agir **antes** que as coisas estejam ruins ou tentar consertá-las **depois** de terem desmoronado.

Por exemplo, os médicos nos dizem, há várias décadas, que uma dieta pobre em gorduras ajuda a evitar problemas cardíacos, mas algumas pessoas sofrem um ataque cardíaco para depois mudarem a dieta – é claro que, quando elas sofrem esse ataque, o estrago já está feito. Da mesma maneira, você pode fazer uma avaliação **antes** que seu casamento se deteriore – ou pode esperar que ele desmorone para, então, tentar resgatá-lo. Seguindo o exemplo do dentista, quanta dor você pensa em suportar antes de agir?

A AVALIAÇÃO É O CAFÉ DA MANHÃ DOS CAMPEÕES

O diagrama a seguir é muito fácil de ser preenchido, mas exige duas coisas: honestidade e tempo. Todos nós sofremos grandes exigências em relação ao tempo, mas é possível adequá-lo a tudo o que desejamos fazer. Já posso ouvir sua voz: "É mesmo? Eu tenho cinco filhos para cuidar!" ou "Você não tem ideia do que seja fazer plantões."

Dizer isso, porém, não leva a lugar nenhum, a verdade é que todas as pessoas que encontrei em minha vida consideram o gerenciamento do tempo um grande desafio e ninguém está imune a isso. A única diferença entre os que conseguem e os que não conseguem fazê-lo é que os vencedores sabem que eles são os únicos capazes de resolver os próprios problemas. Responsabilidade total, sem desculpas.

O círculo da próxima página é um excelente começo para você aprender a gerenciar melhor o próprio tempo. Eu o utilizo todos os domingos à noite. O simples ato de preencher o grande círculo branco de acordo com a maneira que minha vida transcorreu na semana que passou me permite determinar o que preciso mudar na semana que se aproxima e preencher o círculo externo cinza, de acordo com o que descobri. Fazer isso significa que posso orientar minha vida na direção para a qual desejo ir, sem ser colhido de surpresa por eventos inesperados.

EQUILÍBRIO E AVALIAÇÃO

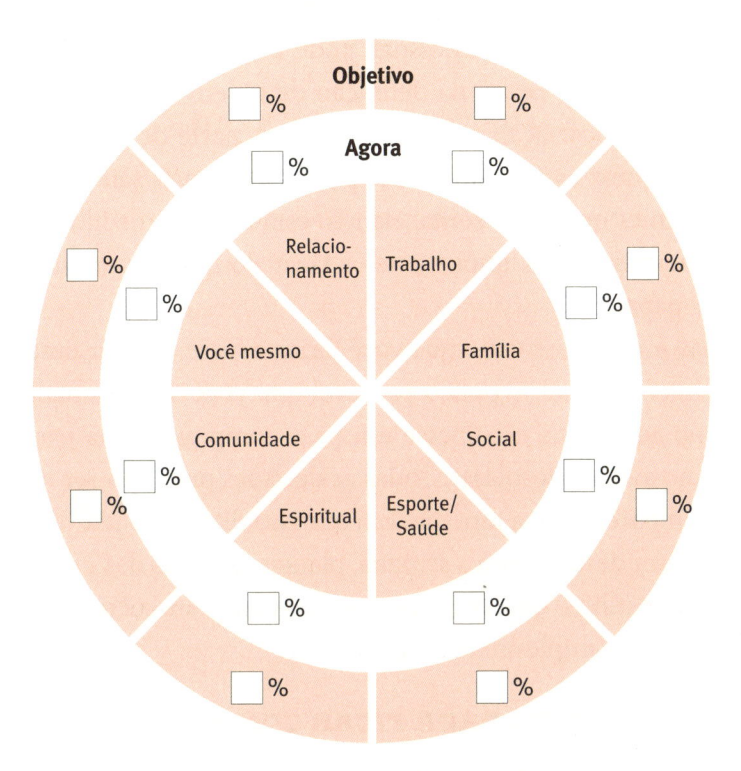

EXERCÍCIO DE AVALIAÇÃO

Objetivo
Agora

Relacionamento · Trabalho · Você mesmo · Família · Comunidade · Social · Espiritual · Esporte/Saúde

Complete, primeiramente, o círculo menor (AGORA): ele representa como você sente que está levando a vida atualmente. Comece com o segmento "Trabalho", onde você verá um pequeno quadrado. Dentro dele, coloque o número que você acha que representa quanto tempo passou no trabalho nas duas ou três últimas semanas. Depois, complete o restante do círculo AGORA, lembrando-se de não exceder 100% e contando apenas as horas em que estiver acordado.

Em seguida, trabalhe no círculo cinza externo, que representa como você gostaria de ver sua vida: preencha os pequenos quadrados, somando um total de 100%. Você pode preencher o círculo para a semana seguinte ou usá-lo para uma perspectiva de vida mais ampla.

Alguma surpresa? Quase todas as pessoas que preenchem esse diagrama nos seminários dizem que ele as faz constatar como é pequena a quantidade de tempo que têm para dedicar a si mesmas e à família.

À medida que o mundo se torna mais competitivo, os indivíduos se veem sob pressão para trabalhar cada vez mais. Se você não mudar sua maneira de planejar a vida pessoal, pode acabar descobrindo que ela desapareceu. Assim como na definição de objetivos, o que quer que você deixe de focar acaba não fazendo mais parte de sua vida. Você para de procurar as oportunidades para passar mais tempo com sua família e, antes que se dê conta, ela não está mais ali: os filhos cresceram e têm coisas mais importantes a fazer do que ver televisão com mamãe e papai.

Pense no planejamento que você faria se fosse realizar uma longa viagem internacional: é pouco provável que você simplesmente aparecesse no aeroporto, escolhesse um país, comprasse uma passagem, entrasse no avião e decolasse. Todas as decisões precisam ser tomadas antes de embarcar nessa jornada. Em que isso difere da vida? Em nada. Programe um destino para a semana, planeje algumas das paradas que fará pelo caminho e observe como sua semana transcorre com suavidade. O tempo, simplesmente, "desaparece".

QUERO TER TEMPO PARA FICAR COM MEUS GÊMEOS

Um dos 300 funcionários da Qantas que foram enviados a meu seminário é um excelente exemplo de gerenciamento de tempo.

Luigi é filho de imigrantes italianos que foram para a Austrália quando ele era pouco mais que um bebê. Luigi havia sido promovido a supervisor há seis meses e estava trabalhando muitas horas por dia. Não queria deixar escapar as oportunidades desse trabalho, pois sentia que poderia alcançar o sucesso. A dificuldade dele era que, embora não tivesse problemas para dedicar muitas horas ao trabalho, cada vez via menos seus dois filhos gêmeos, Marco e Gino. No seminário, ele me perguntou o que poderia fazer para passar mais tempo com os meninos.

Após preencher o círculo branco no exercício que acabei de apresentar, Luigi se comprometeu a passar mais tempo com os filhos, independentemente de qualquer situação que viesse a acontecer. Ele disse: "Antes que eu perceba, estaremos oferecendo a festa de 18 anos dos dois! A vida é curta demais para isso."

Um mês depois, vi Luigi outra vez, enquanto esperava uma reunião com um executivo. Segundo ele, algo extraordinário acontecera há duas semanas: ele estava assistindo ao jornal na televisão após um dia de trabalho e se sentiu como se tivesse sido atingido por um raio. Marco gritou: "Papai, estamos saindo para o futebol", o que queria dizer que os gêmeos estavam saindo para pegar carona com a vizinha, a sra. Jones, cujos filhos também aprendiam a jogar esse esporte. Há três anos, a vizinha os levava para treinar às terças e quintas-feiras à noite.

Luigi disse que tão logo ouviu Marco dizer: "Até logo, papai" se sentiu atingido pelo raio: **ele** é que deveria levar os filhos ao treino! Dessa maneira, teria pelo menos mais duas horas por semana com eles. Naquele mesmo instante, ele combinou um revezamento com a sra. Jones.

Quando você decide que deseja ter mais tempo para fazer algo e que nada poderá impedi-lo, é surpreendente o que começa a ficar claro diante de seus olhos. O objetivo deve vir primeiro: só então você verá como alcançá-lo.

VOCÊ RECEBE PARECERES E AVALIAÇÕES INSTANTÂNEAS NO TRABALHO

Jamais me esquecerei do que aconteceu numa oficina que montei durante um seminário, há cerca de dois anos. Eu estava no momento em que falo sobre avaliação, enfatizando o quanto ela é necessária em casa e no trabalho.

Indaguei: "Quantos de vocês acreditam que possam estar um pouco fora do rumo em casa?" Frank, que estava sentado mais na frente, respondeu: "Olhe, meu amigo, eu não tenho nenhum problema em casa. Todos os meus aborrecimentos e meu estresse são causados por esta droga de lugar (o lugar onde ele trabalhava)". Um de seus colegas, cujo nome era Craig, entrou na conversa e disse: "Isso é porque seus filhos não podem pedir demissão: eles estão presos a você."

Houve um momento de silêncio na sala: todos sabiam por que motivo Craig dissera aquilo. Nós recebemos montanhas de avaliações e críticas no trabalho quando saímos 1 milímetro da rota, mas em casa costumamos esperar que o problema nos cause bastante dor, antes de reconhecermos sua existência e tomarmos medidas para resolvê-lo.

O EQUILÍBRIO NUNCA ESTÁ CERTO

Outro aspecto interessante sobre o exercício de avaliação é o seguinte: após completá-lo, todas as pessoas bem-sucedidas, sem exceção, que participaram de meus seminários se surpreenderam ao perceber que deixaram muitas coisas na vida escorregarem pelos dedos. Elas se enxergam como indivíduos muito focados, mas, com as constantes mudanças da vida, percebem que podem estar passando tempo demais com clientes no campo de golfe, em vez de fazer um passeio com a família, ou descobrem que andam relaxando no trabalho e gastando longas horas no almoço com uma certa frequencia.

Essas pessoas não são as que se sentam ali e voltam com um: "É, as coisas estão indo muito bem." As pessoas de sucesso sabem que precisam redefinir seus objetivos o tempo todo, porque têm consciência de que, se não olharem bem de perto para si mesmas e para suas vidas, poderão perder a motivação.

Amanda, uma contadora de muito sucesso profissional, é um bom exemplo. Ela percebeu que a causa de seus desentendimentos com os filhos era o fato de não ter reajustado seu regime de trabalho para poder estar mais com eles no período tão difícil e desafiador que estavam enfrentando: a adolescência. Em vez de fica zangada quando seu filho Brett se recusasse a ir à casa da avó para um almoço, Amanda decidiu que não criaria empecilhos se ele quisesse ficasse em casa diante da televisão ou do computador. Afinal, o garoto estava apenas tentando criar a própria vida e tomar as próprias decisões.

Amanda sabia que, se continuasse a insistir e discutir com Brett, o resultado seria apenas sofrimento para ambos. Nesse período de muita vulnerabilidade na vida, os adolescentes precisam saber que são valorizados e que seus pais são verdadeiros amigos, que estão sempre a seu lado. Amanda comentou: "De repente, fiz a grande descoberta: ela caiu em minha cabeça como uma tonelada de tijolos." O que ela percebeu foi que tudo na vida de Brett estava num estado de fluxo contínuo: ele estava mudando física, mental e sexualmente e devia estar confuso, perguntando a si mesmo o que estava acontecendo.

"E eu brigando com ele para almoçar na casa da avó! Ele precisa de uma amiga e eu não tenho cumprido bem esse papel. Ainda sou a mesma mãe, que era ótima cinco anos atrás, quando ele tinha 8 anos de idade. Mas agora ele deseja alguma liberdade e, se eu não permitir que a tenha, temo que possa seguir o caminho de um dos filhos de meu irmão, que se sentia tão coagido que adotou um comportamento rebelde e teve problemas com a polícia. Acho que me envolvi tanto com as mudanças no trabalho que não vi as enormes mudanças que aconteciam bem diante de meus olhos, em minha casa."

FOLHA DE PLANEJAMENTO DOS OBJETIVOS DIÁRIOS

A folha de Planejamento dos Objetivos Diários, na próxima página, é uma das mais populares em meus seminários. Muitas pessoas a reconhecem, pois ela é usada em algumas empresas. A maioria, porém, não enxerga o grande poder que pode exercer se usá-la diariamente.

Antes de terminar o trabalho do dia, seja qual for, num escritório, na rua ou em casa com os filhos, anote o que deseja alcançar no dia seguinte. A lista não precisa seguir nenhuma ordem específica: simplesmente anote o que lhe vier à mente.

Quando tiver escrito tudo o que pensou, vá para a coluna da esquerda da página e priorize as tarefas em ordem de importância. Marque as tarefas mais importantes, que devem ser feitas assim que você chegar ao trabalho, com um "A"; marque as segundas mais importantes com um "B" e as que você deverá fazer depois que acabar os "As" e "Bs" serão marcadas com um "C".

OBJETIVOS DIÁRIOS – O QUE FAREI HOJE

Data: _____

Prioridade	Tarefa	Completada
☐	1. _____	☐
☐	2. _____	☐
☐	3. _____	☐
☐	4. _____	☐
☐	5. _____	☐
☐	6. _____	☐
☐	7. _____	☐
☐	8. _____	☐
☐	9. _____	☐
☐	10. _____	☐
☐	11. _____	☐
☐	12. _____	☐
☐	13. _____	☐
☐	14. _____	☐
☐	15. _____	☐
☐	16. _____	☐
☐	17. _____	☐
☐	18. _____	☐
☐	19. _____	☐
☐	20. _____	☐

FOCO MELHORADO

Você pode imaginar o quanto você vai ficar focado quando começar a fazer, todas as noites, uma lista de tarefas a cumprir?

Lembra-se do capítulo 4, quando descobrimos que, quando você concentra seu foco em determinado ponto, começa a enxergar como alcançá-lo? É isso o que vai acontecer quando você começar a anotar seus objetivos para o dia seguinte: você vai começar a enxergar coisas que já estavam na sua frente, mas, como você não sabia que iria precisar delas, sua falta de foco fez com que não as notasse.

No capítulo 3, dei alguns exemplos sobre comprar um presente de aniversário ou escolher um filme numa locadora: quando você sabia exatamente o que queria, seu objeto de desejo pulava da prateleira, mas, quando você ia às compras sem uma ideia do que escolher, voltava para casa de mãos vazias.

A mesma analogia se aplica a seus objetivos diários: as pessoas que conseguem render mais durante um dia de trabalho são as que mantêm um foco constante naquilo que desejam, que pensaram nos objetivos que queriam atingir naquele dia. Quando chegam ao trabalho, seu foco é tal que tudo o que tiver algo a ver com seus objetivos estará bem diante dos olhos delas.

DESLIGUE-SE QUANDO FOR PARA CASA E RECOMECE COM TODA A FORÇA!

O aspecto mais fascinante da Folha de Planejamento dos Objetivos Diários é que, ao anotar tudo, sua mente consciente parece emitir a mensagem a seu subconsciente. Mais tarde, quando estiver jogando tênis ou jantando com a família, sua mente estará concentrada na tarefa que você estiver realizando, ou seja, no jogo de tênis ou no jantar, e não no trabalho.

Por quê? Ora, quando você anota as tarefas que precisa realizar, permite que sua mente consciente se concentre em outras coisas e você começa a relaxar quanto ao trabalho, pois sabe que tudo está gravado.

Na manhã seguinte, veja o que acontece: para muitas pessoas, o foco no trabalho só começa após a segunda xícara de café. Mas, se você usa a Folha de Planejamento dos Objetivos Diários, descobre que as manhãs ficam muito mais fáceis. Você só precisa planejar um pouco melhor, e pronto! Sua motivação começa a aumentar.

"MEU CHEFE NUNCA ME AGRADECE"

Já perdi a conta de quantas vezes ouvi esse comentário! Acredito que muitas pessoas que participam de meus seminários ficam surpresas quando afirmo que, no futuro, também não vão receber agradecimentos do chefe; essa resposta deve vir de você, e não de seu chefe. Imagine-se indo muito bem no trabalho. Você ficaria reclamando: por que o chefe não me agradece? De jeito nenhum! Quando você sabe que está indo bem, não precisa que os outros confirmem isso. Você se convence a si mesmo!

Quando tiver cumprido quinze das dezoito tarefas que planejou no dia anterior, quando preencheu sua Folha de Planejamento dos Objetivos Diários, como você acha que vai se sentir? Sua autoconversação vai dizer: "Estou numa boa, tudo está dando certo. Meu trabalho está sendo feito de verdade." Você vai assumir total responsabilidade por seu desempenho e autoestima, não vai deixá-los ao acaso.

Sua vida é importante demais para ser levada pela maré do acaso. Você se lembra daquelas famosas palavras do grande filme *Sociedade dos poetas mortos*? *Carpe diem*: aproveite o dia de hoje!

CAPÍTULO 17

ENXERGANDO A GRANDEZA DO OUTRO

> SE QUISER CONQUISTAR O APOIO DE UM HOMEM PARA A SUA CAUSA, PRIMEIRO CONVENÇA-O QUE VOCÊ É UM AMIGO SINCERO.
>
> **Abraham Lincoln**

NESTE CAPÍTULO
■ O Conceito Pigmaleão ou como criar vencedores ■ Como o Conceito Bumerangue pode mudar o desempenho das pessoas ■ De péssimos alunos a vencedores ■ Parceiros como Pigmaleões ■ Por que um "gozador" não tem nenhuma graça ■ Seus filhos são admiráveis! ■ Como as crianças aprendem com os adultos

Nada pode ser mais australiano do que o bumerangue. Recentemente, eu era o palestrante convidado numa conferência em Uluru ou Ayers Rock. Como você talvez saiba, o Red Centre é um lugar imperdível para qualquer turista, por isso não fiquei surpreso ao ver uma fabulosa coleção de arte nativa à venda no centro de visitantes. No topo da lista de preferências, está o bumerangue, não apenas pelo maravilhoso trabalho artístico que o adorna, mas por causa do mistério que envolve um objeto de formas tão simples e que pode fazer coisas tão incríveis.

O Conceito Bumerangue é exatamente a mesma coisa: pelo simples fato de ter uma crença sobre determinada pessoa, você pode melhorar o desempenho dela até atingir altos índices ou pode destruí-la.

O CONCEITO BUMERANGUE

O "Conceito Bumerangue" ou "Conceito Pigmaleão", como também é conhecido, vem da mitologia grega. Pigmaleão era um escultor que amava fazer estátuas, que depois vendia. Um dia, ele decidiu que não venderia uma de suas criações, a figura de uma bela mulher. Segundo a lenda, um dos deuses atirou a flecha da crença na nova estátua de Pigmaleão e, de repente, ela ganhou vida. Assim sendo, o "Conceito Pigmaleão" significa que, se você acredita suficientemente em alguém, pode fazer essa pessoa alcançar o que quiser.

Quem tiver idade suficiente vai se lembrar do musical *My fair lady*, que foi baseado na peça *Pigmaleão*, de George Bernard Shaw. No musical, Eliza Doolittle, uma humilde vendedora de flores, é transformada numa "dama" porque, como ela mesma diz no filme: "O professor Higgins me **enxergou** como uma dama."

E então surgiu *My fair lady II*. Oh, desculpe-me: eu quis dizer *Uma linda mulher*! Esse filme tem o mesmo tema do musical, mas, em vez de um professor e uma florista, há um milionário e uma prostituta (um pouco mais anos 90, não é?).

O tema, porém, é o mesmo: quando você acredita num ser humano e sempre lhe diz o quanto o considera admirável, ele começa a acreditar nisso.

O GRUPO DOS BURROS NÃO SABE QUE É BURRO

Há muitos anos, nos Estados Unidos, foi feito um experimento para determinar se o "Conceito Bumerangue" realmente funciona.

O local escolhido foi uma escola. Antes do começo do novo ano letivo, o pesquisador fez um trabalho de campo. Ele perguntou ao diretor qual das turmas era considerada (usando uma linguagem politicamente correta) a mais "intelectualmente deficiente" ou (na linguagem comum) a mais "burra", o diretor mandou-o a uma sala composta por alunos que estavam sempre nos últimos lugares e eram considerados "perdedores" pelo resto da escola. Naquele ano, eles teriam uma nova professora. O diretor e o pesquisador concordaram em não dizer a ela que os alunos que iria receber eram os piores de toda a escola. A ideia era que o pesquisador conseguisse comprovar que, quando não temos crenças predeterminadas sobre as pessoas, elas podem conseguir qualquer coisa, se tiverem o apoio adequado.

A nova professora não tinha a mínima ideia do tipo de turma que lhe haviam destinado. Quando o pesquisador perguntou a ela o que achava dos novos alunos e como imaginava que eles se sairiam naquele ano, ela respondeu que, como fazia sempre, procuraria tirar de cada um deles o melhor que pudesse oferecer, mas que, em sua essência, dependeria deles mesmos alcançarem bons resultados. O pesquisador pediu permissão para visitar a turma em duas outras ocasiões naquele ano, seis meses depois e, mais uma vez, no fim do ano, para ver como a turma estava se saindo.

Seis meses se passaram e o pesquisador retornou à escola: ele ficou impressionado ao constatar que a maioria dos alunos daquela turma apresentava um desempenho acima da média. No fim do ano, para surpreendê-lo ainda mais, a turma era considerada uma das melhores da escola. Ele observou que, além das melhores notas, havia uma grande melhora na autoestima dos alunos, algo que ficava evidente na maneira como passaram e se apresentar.

O diretor também estava abismado e perguntou à professora o que ela fizera para conseguir resultados tão impressionantes. Ela ficou lisonjeada, mas disse que aquele era o resultado que costumava alcançar com suas turmas e que não entendia por que tanto estardalhaço. Então, a professora perguntou por que todos estavam tão surpresos e o diretor revelou que ela passara os últimos doze meses com um grupo de alunos considerados os piores de toda a escola, rotulados de "perdedores".

O diretor ficou intrigado pelo fato de a professora não ter percebido na turma nenhum sinal de que os alunos eram piores que os outros ou mais agitados, como geralmente acontece com estudantes que lutam contra o trabalho escolar. Ela respondeu que realmente observara pequenas diferenças, mas sua impressão era que os alunos estavam entre os melhores da escola e simplesmente considerou as tais peculiaridades como uma expressão da "criatividade" do grupo. Segundo a professora, o que mais a influenciou para concluir que seu grupo de alunos era dos melhores foi a lista com o QI de cada um, que recebera do diretor no início do ano.

"Que lista de QI?", perguntou o diretor, demonstrando surpresa.

"Os números naquele papel verde que o senhor me deu", disse ela.

O diretor exclamou, sem poder acreditar: "Aquilo não era uma lista de QI – era o número dos armários de cada aluno!"

Já ouvi muitas variações dessa história, mas o tema permanece consistente: acredite nas pessoas e elas serão capazes. Pense na história de Karen e seu filho Jason, que vimos no capítulo 2. Lembra-se de como Karen observou uma melhora no comportamento de Jason assim que a autoestima dele aumentou? Em vez de tratá-lo como uma criança mimada, que era como ele estava agindo, ela começou a enxergá-lo de maneira mais positiva, e pronto: o desempenho de Jason mudou totalmente.

Eu já testemunhei o Conceito Bumerangue ao vivo em inúmeras empresas na Austrália. O exemplo mais óbvio foi quando um de meus clientes, Jeff, decidiu fazer algumas mudanças em sua empresa e me perguntou se eu achava que um de seus funcionários, Gary, tinha as qualidades necessárias para ser promovido a gerente geral. Minha resposta o surpreendeu: "O que **você** acha?" Ele respondeu que sabia que Gary tinha todas as qualidades, mas achava que ele não saberia lidar com o estresse inerente ao cargo. Jeff sabia aonde eu queria chegar: percebeu que, se **ele** acreditasse em Gary e lhe desse o apoio necessário, o rapaz faria um bom trabalho.

"É aquela história dos meninos na escola, que você conta em seus seminários, não é?", exclamou. "Se eu apostar verdadeiramente no Gary, ele vai conseguir, assim como os alunos daquela turma." Jeff assimilou minha ideia: nossa crença nos indivíduos é um instrumento poderoso que pode transformá-los em campeões.

PARCEIROS SÃO PIGMALEÕES

Pare por um momento e reflita sobre seu relacionamento com seu parceiro ou parceira. Você está sempre puxando essa pessoa para baixo ou está sempre tentando convencê-la de que pode alcançar qualquer coisa que almeje?

Fico sempre admirado quando vejo a diferença entre os casais recém-formados e os que estão juntos há dez anos. Essas diferenças parecem saltar aos olhos quando você está numa festa: os casais que acabaram de se formar se mostram animados e ansiosos por um longo futuro juntos; os casais que mantêm um relacionamento mais longo não trocam uma palavra depois que chegam. Ele conversa com os amigos do lado de fora, perto da churrasqueira; ela fica lá dentro, batendo um papo com as mulheres.

Brendan e Rebecca, juntos há doze anos, participaram de um seminário realizado pela empresa onde ele trabalhava. Eles vieram na esperança de conseguir alguma forma de refazer o foco em si mesmos, mas Brendan me disse mais tarde que a grande descoberta que realmente abriu os olhos do casal foi perceber o quanto eles colocavam um ao outro para baixo.

Segundo Brendan, comparado aos relacionamentos que ele observava nas festas e outros eventos, o que havia entre ele e Rebecca era ótimo: "Mas não podíamos deixar de notar que estávamos começando a nos distanciar um pouco. No início, estávamos sempre enaltecendo um ao outro por pequenas coisas, como a roupa que o outro estava usando, ou o perfume, e procurávamos motivar o parceiro todas as manhãs, antes do trabalho." Mas, à medida que o relacionamento foi se aproximando da marca dos oito ou nove anos, a motivação para realizar os objetivos pessoais e do relacionamento começou a ficar estagnada e, em geral, eles se sentiam menos entusiasmados para ir a festas ou ao cinema.

O que tornava as coisas ainda mais difíceis para ambos era o fato de estarem tentando, ainda sem sucesso, começar uma família: todos os casais de amigos já estavam no segundo ou terceiro filho e, naturalmente, a vida social deles girava em torno das crianças.

Brendan disse que Rebecca e ele receberam um bom chute no traseiro durante o seminário: "Você falou com enorme empatia, mas o impacto nos pegou de frente quando você chegou àquela parte do seminário. Nós realmente não temos sido bons Pigmaleões. Sentimos pena de nós mesmos em vez de procurar motivar o outro.

Antes, quando se tratava de fazer uma avaliação do relacionamento, costumávamos dizer coisas negativas um ao outro, como criticar a maneira de se vestir ou o cabelo, sem ferir os sentimentos. Na verdade, em vez de criticar o que o outro estava vestindo, dizíamos algo parecido com: 'Queria que você usasse aquele vestido preto supersensual, aquele que você comprou quando visitamos a Costa Dourada, nas férias'. Reagíamos sempre com um sorriso e era uma maneira gentil de dizer 'você não está bem com essa roupa'. Mas, agora, vamos logo dizendo: 'Está horrível! Você não tem nada melhor para vestir?'"

O SUBCONSCIENTE NÃO ACEITA BRINCADEIRAS

Brendan afirmou que uma de minhas frases teve um efeito especial: "Quando você disse que não existiam 'gozadores', somente pessoas com baixa autoestima, Rebecca olhou para mim. Ela lembrou que estou sempre criticando as pessoas para depois dizer: 'Estava só brincando.'"

Fiquei intrigado ao ouvir a frase "o subconsciente não aceita brincadeiras". Quando você ridiculariza uma pessoa, ainda que esteja brincando, deixa-a ferida. É por isso que simuladores de voo podem ser usados com tanta eficiência: porque o subconsciente não sabe diferenciar um evento real de um imaginário. Pelo mesmo motivo, ensaiar e visualizar seus objetivos funciona. Se você imaginar algo com certa frequência, acaba acontecendo.

O mesmo acontece nos relacionamentos; se você estiver sempre dizendo a um indivíduo que ele é um "imprestável" ou que "está fora de controle", ele acabará acreditando.

"MEUS FILHOS SÃO ADMIRÁVEIS: EU SÓ NÃO TINHA PERCEBIDO"

Como orador, fico ansioso para saber de que partes da palestra as pessoas mais gostaram. Mas nada me preparou para o que ouvi no fim de um seminário em Melbourne, no Natal. A empresa convidara os parceiros, por isso eu estava falando para uma enorme variedade de pessoas, das mais diversas idades. Quando terminei, saí para conversar com os participantes de maneira mais informal, como sempre faço; sei que todos gostam de contar histórias de como se identificaram com a apresentação e eu adoro ouvi-las.

Estávamos conversando há cinco minutos, quando um homem bem alto e forte se aproximou de mim e perguntou se eu teria um minuto para falar com ele. "É claro que sim", respondi e, assim que pude, fui falar com o tal sujeito. Max disse que ficara muito emocionado com a palestra. Eu quis saber por que e ele logo explicou: "Quando você contou a história da professora e dos alunos que ninguém esperava que pudessem ser bons, pensei em meus filhos. Percebi que o motivo pelo qual não estão bem na escola é porque vivo brigando com eles e dizendo que nunca chegarão a lugar nenhum." Nesse momento, percebi que ele estava muito chateado e o convidei para tomar um café depois do almoço, quando o resto do grupo tivesse voltado ao trabalho; ele ficou agradecido e combinamos de nos encontrar às 14 horas.

Essa é a melhor parte de meu trabalho. Se eu puder ajudar pelo menos um indivíduo a alcançar alguma coisa, então a apresentação foi um sucesso. Quando voltamos a nos encontrar, Max se desculpou por ter demonstrado tanta aflição. Respondi: "Não seja tolo, você acabou de descobrir um dom especial em si mesmo e agora será capaz de sair daqui e dividi-lo com o resto do mundo."

Max prosseguiu: "Eu não brigo somente com meus filhos; minha mulher já está cheia de me ouvir reclamar o tempo todo e só enxergar o lado negativo de tudo o que acontece. O que me deixa feliz é que sinto que agora posso mudar e começar a motivar meus filhos e minha mulher para que façam grandes conquistas na vida."

Quando perguntei a Max se algum ponto específico do seminário o havia tocado pessoalmente, ele respondeu: "Você repetiu várias vezes que 'não podemos dar algo que não temos', por isso vou trabalhar no sentido de melhorar também o saldo da minha Conta Bancária de Autoestima. Seu comentário sobre o ditado chinês que diz que 'a água corre morro abaixo' também mexeu comigo. Pretendo realmente fazer de tudo para ser a 'fonte de inspiração' da casa, em vez de ser o 'sr. Negativo', como tenho sido."

Algumas semanas depois, recebi uma carta de Max: ele dizia que os últimos dois meses foram "os mais relaxantes e agradáveis momentos que tivemos até hoje no casamento". Ele havia começado a procurar novas maneiras de enxergar "grandeza" nos filhos e na mulher e, como consequencia, o amor que refluiu deles para Max foi arrebatador. Entretanto, o mais inesperado fluxo de carinho aconteceu no local de trabalho. Max disse que todos, do chefe ao faxineiro, haviam percebido sua natureza mais otimista e a reviravolta de suas atitudes, não apenas no trabalho, mas também com os colegas.

Com a carta de Max, recebi uma cópia de *As crianças aprendem o que vivem*. Ele descobriu esse poema após o seminário e ele o acertou em cheio no coração.

AS CRIANÇAS APRENDEM O QUE VIVEM

*Se a criança convive com as críticas,
aprende a condenar.
Se convive com a hostilidade,
aprende a discutir.
Se a criança convive com o escárnio,
aprende a ser acanhada.
Se convive com a vergonha,
aprende a ser culpada.
Se a criança convive com a tolerância,
aprende a ser paciente.
Se convive com o estímulo,
aprende a ser confiante.
Se a criança convive com o elogio,
aprende a ter apreço.
Se convive com a retidão,
aprende a ser justa.
Se a criança convive com a segurança,
aprende a ter fé.
Se convive com a aprovação,
aprende a se amar.
Se a criança convive com a aceitação e a amizade,
aprende a descobrir o amor no mundo.*

Dorothy Law Nolte

PALAVRAS FINAIS

Num mundo de mudanças muito rápidas e que nos bombardeia o tempo inteiro com informações, ainda existe algo sobre o qual você tem controle: seus pensamentos. Ninguém pode lhe dizer como pensar: você, e somente você, controla sua maneira de avaliar os acontecimentos e para onde eles irão conduzi-lo.

Mas, como tudo na vida, o que conta é a AÇÃO. Aprendemos, através da leitura deste livro, que ninguém pode mudar você; só você mesmo pode fazê-lo. É preciso querer mudar e, para que isso aconteça, esse desejo inicial precisa ser alimentado.

Você jamais plantaria uma semente no jardim esperando encontrar um arbusto ou flores no dia seguinte. É preciso tempo. Se a semente tiver solo adequado, luz e for regada regularmente, vai crescer e, com o passar do tempo, fará transparecer todo esse esforço produzindo uma bela flor. Por que seria diferente com algo que você quer fazer "crescer" dentro de si? Se você plantar as sementes certas (seus objetivos) e alimentá-las constantemente (manter a autoestima), verá, com o passar do tempo, os resultados de seu árduo trabalho. É claro que, se a semente for plantada e não receber cuidados, não poderemos esperar que floresça. Todos nós precisamos de objetivos pelos quais lutar e de estímulo para nos mantermos no controle das situações.

Na última década, vi esse princípio atuar em empresas por toda a Austrália, por exemplo, quando um diretor descobre, de repente, que tem nas mãos um excelente funcionário só porque decidiu fazer críticas positivas, em vez de ressaltar seus pontos negativos. Já vi esse princípio atuar quando casais que participaram de meus seminários me contaram como passaram a se sentir felizes um ao lado do outro depois que aprenderam a se concentrar nos objetivos que ambos desejavam alcançar. E nada me surpreende mais do que ver um adolescente que, após ouvir falar pela primeira vez sobre definição de objetivos e autoestima, se aproxima de mim no fim de um seminário para dizer: "Isso foi superlegal, cara!"

Quando você escolheu este livro, tinha algo que desejava conseguir. Espero, sinceramente, que eu tenha sido capaz de lhe dar algumas ideias que o ajudem a chegar lá.

Para concluir, gostaria de lembrar as palavras do grande Winston Churchill, que disse:

NUNCA SE DÊ POR VENCIDO
NUNCA
NUNCA
NUNCA
NUNCA

CONFIRA UM TRECHO DO LIVRO
NÃO DESISTA! VOCÊ PODE!

Fevereiro de 2002

Estou caído na base de uma rocha. Cerca de 20 pessoas com celulares me cercam. Um dos rapazes me diz:

– Não se mexa, não se mexa. Você caiu de cima da pedra. Olhe a sua perna!

Tem sangue em toda parte. Ouço vozes em torno de mim e o barulho de um helicóptero. Fico pensando se chegou a minha hora.

Minutos mais tarde, quando o helicóptero Westpac de resgate começa a me suspender, sou tomado por uma sensação de calma. Muitas vezes ouvi falar de "abandono", de "entrega a um poder superior" e, pela primeira vez na vida, posso dizer honestamente que é isso o que estou fazendo. Preso a uma maca, sei que não tem absolutamente nada que eu possa fazer. Tenho que praticar a aceitação total de um modo nunca antes experimentado.

Depois do que me parecem horas pendurado abaixo do helicóptero, finalmente sou içado para dentro dele e recebido pela tripulação com largos sorrisos e a saudação:

– Tudo bem agora, amigo!

Sou tomado pela emoção do momento e me debulho em lágrimas. Eu me sinto como Tony Bullimore, o marinheiro britânico que deu a volta ao mundo, ao ser encontrado pela equipe de resgate da Força Aérea Australiana sentado sobre o casco emborcado de sua embarcação no Oceano Austral. Diferentemente de Bullimore, porém, não posso beijar meus salvadores porque estou todo amarrado. Sorte deles!

O helicóptero toma o rumo do Royal North Shore Hospital, a

apenas cinco minutos de distância. Sou retirado do aparelho e cercado por médicos e enfermeiros. A dor é tanta que não consigo me concentrar no que quer que seja. Ouço alguém perguntar:

– O que aconteceu?

– Ele caiu de uma rocha com a altura de três andares, quando caminhava.

– Qual é o diagnóstico inicial?

– É certo que fraturou a coluna, e o pulso está destroçado – respondeu uma voz segura.

Ouço a seguir palavras que nunca vou esquecer.

– Vai ficar para ou tetra?

Compreendo imediatamente que a voz se referia às minhas chances de ficar paraplégico ou tetraplégico. A ideia me apavora. Tudo parece ter acontecido depressa demais e meu corpo todo dói, mas ainda percebo o que se passa em volta. Sei que falam de mim e começo a me dar conta do estrago que fiz. Depois de recuperar a consciência ainda nas pedras, eu me mantive consciente durante a toda a operação de resgate e consigo lembrar meu nome, endereço e profissão. (Eles me perguntam isso a todo momento, para ter certeza de que estou bem.) Lá no fundo, eu me apego à ideia de que, depois de alguns exames, vou receber alta do hospital.

Com o passar das horas, vai ficando claro que os danos causados ao meu corpo são muito mais extensos e sérios do que eu imaginava. Parece que cada plantonista que vem me ver descobre mais um osso quebrado.

– Você quebrou a T12, com certeza.

– E a L1 também, já sabemos.

– Você fraturou os ossos do pulso, vamos ter de colocar uma tala o mais rápido possível.

– Achamos que tem os dois joelhos quebrados e talvez uma hemorragia interna, ainda não temos certeza.

Em meio ao torpor que se abate sobre meu corpo, pergunto a uma das enfermeiras se vou ter problemas para caminhar. Ela apenas sorri e diz em tom consolador:

– Vamos aguardar o resultado dos testes.

Percebo a extensão da enrascada em que estou metido. Esperava ouvir como resposta um "Não diga bobagens!" – como George, em Seinfeld – ou uma expressão tranquilizadora, garantindo que eu não teria com o que me preocupar. Começo a temer que nunca mais possa andar.

Deitado na cama, mais de dois anos atrás, percebi que a vida tinha me pregado uma peça. Até então, eu não sabia da extensão do desastre. Mas, quanto mais pensava no que estava por vir, mais calmo ficava. Analisei minha vida nos três anos anteriores e cheguei à conclusão de que havia superado situações bem complicadas: uma crise financeira que pensei que fosse me levar à ruína e uma queda nos negócios, que consegui reverter, alcançando um nível bem melhor do que antes.

E, justo quando pensava ter percorrido a parte mais difícil da estrada da vida, ali estava eu, em uma cama, olhando para o teto do Royal North Shore Hospital. "Lá vamos nós de novo", pensei.

No fundo do coração, porém, eu sabia que venceria mais uma vez, como havia feito antes. Teria apenas de aprender a encarar novos desafios. Naquela noite interminável, eu tive a certeza de que não desistiria.

Foi naquele momento que me veio a ideia deste livro. Os primeiros capítulos me ocorreram mais tarde, enquanto eu lutava para reaprender a andar e tinha longas reuniões com os credores. E, é claro, quanto mais eu pensava, mais ideias surgiam.

Todos nós enfrentamos crises pessoais em determinado momento da vida. Para alguns, pode ser uma situação séria, como a perda de um ente querido, o fim de um casamento, o fracasso de um negócio ou um grave problema de saúde. Em outros casos, desemprego ou mudança de casa podem ser motivos de crise. No entanto, o que importa não é a crise em si, mas a forma como é encarada.

Este livro trata de superação. Trata de cair e levantar. Trata de erros, de atitudes equivocadas e de quedas de rochedos – literalmente! Em última análise, é um meio de mostrar que a vida se compõe de uma série de experiências de aprendizagem.

Histórias inspiradoras, de coragem e determinação, vão mostrar a você como transformar a crise em oportunidade. Vou contar a minha história para que você entenda que enganos e reveses fazem parte da vida de todos.

Acima de tudo, quero que este livro lhe dê ânimo e motivação, quaisquer que sejam os seus problemas. Quero que, inspirado por ele, você impeça a crise de se transformar em um ciclo negativo. Quero que aprenda com a experiência e consiga um saldo positivo.

Vou desenvolver em você algumas habilidades práticas e úteis quando for o caso de enfrentar tempos difíceis e caminhos acidentados. Como fazer isso? Por meio de ensaio e erro, de experiência direta.

Não Desista! Você Pode! ensina a ver a oportunidade que existe no centro de todo obstáculo. *Não Desista! Você Pode!* ensina a não deixar que outros lhe digam o que fazer, por mais desesperadora que pareça a situação. Mais que tudo, porém, *Não Desista! Você Pode!* ensina a transformar a crise em oportunidade.

E, se eu posso, VOCÊ PODE!

Conheça também outros livros da FUNDAMENTO

▶ ACREDITE! VOCÊ PODE!
Paul Hanna

Em *Acredite! Você Pode!*, Paul Hanna convida os leitores a refletirem sobre a felicidade. Muita gente usa os acontecimentos negativos para sabotar a realização pessoal – mas também é possível torná-los uma escada para o sucesso e para desenvolver a coragem interior. O autor usa as próprias experiências para mostrar que as dificuldades passam, porém as pessoas fortes continuam de pé. Confira!

▶ VENDA MAIS! VOCÊ PODE!
Paul Hanna

Paul Hanna, palestrante que já trabalhou com multinacionais como a Toyota e o McDonalds, alia seu conhecimento sobre motivação às técnicas secretas dos vendedores mais bem-sucedidos.

Entre outras informações valiosas, saiba como evitar "as dez coisas que nenhum vendedor deve fazer", como estabelecer uma boa rede de relações e a trabalhar sua autoestima. Aproveite dezenas de dicas valiosas para vender mais e melhor!

Editora FUNDAMENTO
www.editorafundamento.com.br